BASTEI
LÜBBE

Die schönsten Ideen für Ihre Wohnung

Zusammengestellt und bearbeitet
von Karola Kimmerle
und Reiner Jackwerth

BASTEI
LÜBBE

BASTEI-LÜBBE-TASCHENBUCH
Band 66 506

Originalausgabe

Printed in Western Germany
Einbandgestaltung: Rainer Arke
Satz: ICS Computersatz GmbH, Bergisch Gladbach
Herstellung: Mohndruck, Gütersloh
Fotos: TOP FOTOS/GABI (Fotografen: city-studio/Erich Horn, Maren Diekow, Armin Kammer Fotografie)
Zeichnungen: Atelier Arke, Gisela Günther
Entwürfe: Jürgen Carstensen, Maren Diekow, Galerie W., Inger Köhler-Kaeß, Armin Kammer Fotografie, Regine Kuhlei, Irene Mol, Angelika Orthaus, Ulrike Teiwes-Verstappen, Erika Terhoeven
ISBN 3-404-66506-X

Der Preis dieses Bandes versteht sich
einschließlich der gesetzlichen Mehrwertsteuer

Inhalt

Schöne Sachen selbermachen

»Mein Heim ist meine Burg« – so altmodisch uns diese Aussage erscheint, so zutreffend ist sie auch heute noch. Die eigenen vier Wände, das eigene Appartement, die eigene Wohnung: Hier verbringen wir den größten Teil unserer Freizeit, hier spannen wir vom Streß des Alltags aus.
Keine Frage, daß jeder sich zuhause wohlfühlen möchte, daß es hübsch und gemütlich sein soll. Dabei sind es oft nur Kleinigkeiten, die einem Zimmer eine ganz andere Stimmung geben, die nicht nur praktisch, sondern auch dekorativ sind.
GABI, die junge Handarbeits-Zeitschrift mit dem Motto »Schöne Sachen selbermachen«, bringt jeden Monat als »Extra« für ihre Leser und Leserinnen Themen rund um die Wohnung. Ob für Kinderzimmer oder Küche, für festliche Anlässe oder einfach nur als Anregung – alle Wohn-Ideen aus Gabi haben einen wesentlichen Vorzug: Sie sind ohne großen Aufwand und ohne viel Geld leicht selbst zu machen.
Die schönsten Anregungen aus Gabi – ob zum Basteln oder Handarbeiten – haben wir für Sie in diesem Buch zusammengestellt. Unter den zahlreichen Tips ist sicherlich auch etwas ganz persönlich für Sie dabei. Schöne Farbfotos, leichte Anleitungen und Zeichnungen sollen Ihnen helfen.
Wir wünschen Ihnen viel Erfolg!

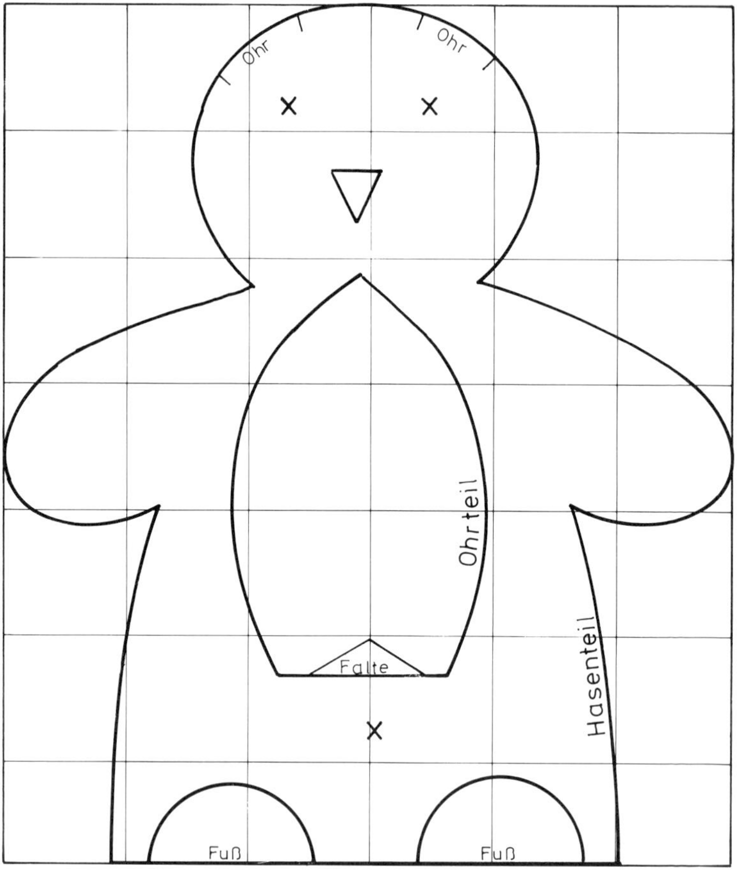

Hier ein Beispiel zum Vergrößern mit Hilfe eines Rasters: Links die Vorlagenzeichnung zum »Häschen als Eierwärmer« (Farbfoto auf Seite 87, Anleitung auf Seite 84). Dieser Eierwärmer ist im Original 17 cm hoch. Unsere Zeichnung mißt aber nur 11,5 cm Höhe und ist mit einem Raster von Karos überzogen, die 1,7 × 1,7 cm groß sind. Damit das Häschen 17 cm hoch wird, muß es hier heißen: 1 Kästchen = 2,5 × 2,5 cm.

Wichtig vor dem Basteln: Vergrößern mit Hilfe eines Rasters

Viele Vorlagen-Zeichnungen sind so groß, daß wir sie in diesem Buch nicht in Originalgröße abdrucken können. In solchen Fällen haben wir ein »Raster« über die Zeichnung gelegt – das heißt, die Zeichnung ist mit einem Karomuster überzogen.
Bei der Zeichnung finden Sie stets einen Hinweis auf die Rastergröße: zum Beispiel »1 Kästchen = 2,5 x 2,5 cm«. Zeichnen Sie in solchen Fällen auf ein Blatt Papier ein Karomuster mit 2,5 cm Linienabstand in der Breite und der Höhe. Sie benötigen in beiden Richtungen so viele Kästchen, wie die kleine Zeichnung im Buch hat. Übertragen Sie jetzt die Zeichnung kästchenweise auf ihr Karopapier. Dabei am besten links oben beginnen. Ein Tip: Achten Sie immer darauf, an welcher Stelle eine Linie das Raster kreuzt – zum Beispiel im unteren Drittel – und übertragen Sie diese Stelle dann auf Ihr Raster.
Sie können übrigens auch originalgroße Zeichnungen oder jede andere Vorlage auf diese Weise vergrößern oder verkleinern: Übertragen Sie solch eine Zeichnung auf ein Transparentpapier und überziehen Sie dieses mit einem Raster. Diese Zeichnung dient nun als Ihre Vorlage. Zum Verkleinern benötigen Sie die gleiche Anzahl kleinerer, zum Vergrößern die gleiche Anzahl größerer Kästchen.

Dekoratives für Ihre Wohnung

Kleine Sachen mit großer Wirkung

Verzierte und bemalte Span-Schachteln

Das braucht man: Runde und herzförmige Spanschachteln, Metallic-Bastelfarben in Lindgrün und Kupfer bzw. in Violett und Gold für die runden Schachteln, in Rosa bzw. in Silber für die Herzdosen, einen mittelstarken Pinsel, Klarlack; zusätzlich für die runden Spanschachteln matte Bastelfarben in Schwarz und Weiß bzw. in Violett und Weiß und einen feinen Pinsel; für die Herzdosen zusätzlich Seidenröschen, kleine Blätter, Ilexbeeren, Blümchen, passende Besatzkordel und Steckmasse (gibt's alles im Bastelgeschäft).
Und so wird's gemacht: Die Spanschachteln in der jeweiligen Hauptfarbe grundieren. Dabei sowohl Deckel als auch Schachtelunterteil innen und außen bemalen.
Für die grüne Dose auf den noch leicht feuchten und sehr dick bemalten Deckel Kupfer halbkreisförmig sehr dick auftragen, so daß einige »Erhebungen« in der Farbe sind. Die Farbe mehrmals auftragen und auf dem Deckel auslaufen lassen (siehe Foto). Nach dem Trocknen noch schwarze und weiße Linien aufzeichnen. Alles gut durchtrocknen lassen, dann mit Klarlack überziehen.
Für die Dose mit Bäumchen werden der trockene, grundierte Deckelrand und ca. 5 mm der Deckeloberfläche in Violett (matt) überstrichen. Den äußeren Rand des Deckelunterteils (trocken) mit Gold übermalen. Dabei die Farbe nur dünn auftragen, so daß Pinselstriche sichtbar bleiben und der Untergrund durchschimmert. Danach die Bäume in Gold auf den Deckel zeichnen. Die Baumkronen nur mit Kreisen andeuten. Trocknen lassen, dann mit Braun und sehr wenig Weiß die Äste und Stämme sowie den Hintergrund (oben) andeuten. Den unteren Deckelteil mit wenig Gold bemalen. Nach dem Trocknen zwischen die Matt- und Metallic-Farbe auf dem Deckel eine weiße Linie einzeich-

nen. Alles trocknen lassen, dann mit Klarlack überziehen. Die Herzdosen nach dem Trocknen der Grundfarbe mit Klarlack bestreichen und wieder trocknen lassen. Dann die Besatzkordel auf den Deckel kleben. Etwas Knete in eine Ecke drücken und die Blumen und Blätter anordnen. Eine kleine Schleife mit einem Drahstück befestigen.

Bunte Untersetzer für Gläser

Das braucht man: Deka-Transparent, Color und Deka-Color-Verdünner, 2 mittelstarke Haarpinsel, Kupferuntersetzer und Modelliermasse für den Rand (Bastelgeschäft).
Und so wird's gemacht: Die sauberen, fettfreien Untersetzer rasch und gleichmäßig mit der Transparentfarbe grundieren. Den zweiten, sauberen Pinsel in den Verdünner und dann in die erste Farbe (Color) tunken und sofort auf die noch nasse Grundfarbe tropfen lassen bzw. stupfen. Dabei den Pinsel waagerecht halten, damit die Farbe nicht verläuft. Pinsel auswaschen und mit der zweiten Farbe ebenso verfahren. Die fertigen Untersetzer ca. 3 Tage durchtrocknen lassen. Dann dünne Wülste aus Modelliermasse rollen und um den Rand der Untersetzer legen. Modelliermasse andrücken und nach unten verstreichen. Die fertigen Untersetzer bei etwa 130 Grad (je nach Modelliermasse) ca. 20 Minuten im Backofen brennen. Plättchen im Backofen abkühlen lassen.

Riesen-Zigarette als Nackenrolle

Das braucht man: Baumwoll-Stoffreste in folgenden Größen: 50 x 68 cm in Weiß, 50 x 30 cm in Grau und 50 x 65 cm in Ocker; Sticktwist in Orange und Schwarz für

Eine einfache weiße Vase wird durch Emaillack-Zierfarbe zum Schmuckstück. Das Motiv mit Bleistift vorzeichnen, dann ausmalen und die Vase im Ofen trocknen (im kalten Herd für 30 Minuten auf etwa 120 Grad erhitzen und im Ofen auskühlen lassen)

Schlichte Kacheln machen Sie mit Farbspray zu schicken Untersetzern für heiße Töpfe. Dafür Papierservietten mit Lochmuster auflegen, vorsichtig sprühen und die Serviette erst abheben, wenn die Farbe völlig trocken ist

Gefallen Ihnen unsere Glas-Untersetzer? Sie sind nicht nur sehr dekorativ, sondern ebenso praktisch. Die Untersetzer bestehen aus Kupfer, Modelliermasse und Spezialfarbe. Anleitung auf Seite 13

die Spitze, in entsprechender Farbe (hier Cognac) für die Schrift, einen 50 cm langen, weißen Reißverschluß, Nähgarn in Grau, Weiß und Ocker, eine Schaumstoffrolle mit ca. 15 cm Durchmesser und 120 cm Länge (evtl. Reste).
Und so wird's gemacht: Das Motiv einer Zigarette abpausen und vergrößern. Mit Schneiderkopierpapier das Motiv ca. 4 cm von einer Schmalkante entfernt mittig auf den weißen Stoff übertragen. Mit Sticktwist aussticken, dabei breite Linien und Flächen im Plattstich, schmale im Stielstich arbeiten.

Nun in Ocker und Grau je einen Kreis mit 15 cm Durchmesser plus 1 cm Nahtzugabe zuschneiden (nicht die 50 cm langen Kanten zerschneiden). Einen grauen Streifen mit 50 x 12 cm und einen ockerfarbenen Streifen mit 50 x 47 cm zuschneiden. Den ockerfarbenen Streifen rechts auf rechts (auf das Motiv) an die 50 cm lange Kante des weißen Stoffes legen und mit ca. 1 cm Kantenabstand annähen. Den weißen Stoff auf ca. 66 cm ab Naht zurückschneiden und den grauen Streifen an diese Kante ebenso annähen. Den grauen Kreis rechts auf rechts um den grauen Streifen (1 cm Kantenabstand), den ockerfarbenen Kreis entsprechend um das ockerfarbene Ende nähen. Diesen Bezug nun vom ockerfarbenen Ende aus 52 cm weit rechts auf rechts schließen, 50 cm für den Reißverschluß offenlassen, den Rest schließen. Zigarette wenden, Nahtzugaben der Öffnung nach links bügeln und den Reißverschluß verdeckt einsetzen.

Die Kontur der Stickerei auf dem grauen Stoff laut Foto mit einem weichen Bleistift vorzeichnen. Die breite Linie entlang der Ansatznaht im Plattstich, alle übrigen Linien in Stielstichen sticken. Die orangefarbenen Felder stets im Plattstich arbeiten. Den fertigen Bezug über die Schaumstoffrolle ziehen.

Modellierte Raucher-Utensilien

Das braucht man: Modelliermasse (z. B. Backton oder Fimo), Nudelholz, Glitzerfarbe in Silber, Klarlack (für Fimo Speziallack).
Achtung: Für Fimo keine nitrohaltigen Farben verwenden, da das Material nach dem Brennen sonst wieder weich wird.
Und so wird's gemacht: Das Material kneten, bis es weich ist. Backton mehrmals kräftig auf den Tisch schlagen, damit alle Luftblasen aufgelöst werden. Eine ca. 0,5 cm dicke Platte auswellen. Für das Tablett ein Rechteck mit ca. 15 x 22 cm und 2 Streifen mit ca. 1,5 x 13 cm ausschneiden. Auf die Schmalseiten des Rechtecks die Streifen als Henkel setzen und gut andrücken. Übergänge verstreichen und die Ecken abrunden. Die Zigarettenbox wird um eine feste Zigarettenschachtel geformt: Aus einer Platte einen entsprechend langen und breiten Streifen ausschneiden, um eine Zigarettenschachtel legen und die hinteren Schmalkanten übereinanderlegen. Übergänge verstreichen und einen Boden ansetzen. Zigarettenschachtel herausnehmen und hinten einen ca. 2,5 cm breiten Streifen ansetzen. Den Streifen über einen Bleistift rollen. Diese Zigarettenbox von innen mit Hölzchen abstützen, damit sie beim Brennen nicht einbricht. Der Aschenbecher besteht aus einem 5 x 6 cm großen Boden, um den ein 2 cm hoher Randstreifen gesetzt wird. Auch hier die Übergänge gut verstreichen und dann eine kleine Ablage (Rechteck um einen Bleistift biegen) aufsetzen. Alle Teile bei 130 Grad etwa 20 Minuten brennen (Alufolie auf das Backblech legen). Danach die Teile mit Glitzerfarbe einstreichen und nach dem Trocknen lackieren. Falls Sie Fimo verwendet haben, sollten Sie ein kleines Blech in den Aschenbecher legen (es entstehen bei längerem Gebrauch Brandflecken).

Über diese hübschen Raucher-Utensilien freut sich Vati bestimmt. Tablett, Aschenbecher und Zigarettenschachtel bestehen aus Modelliermasse und erhalten durch Glitzerfarbe und Klarlack ihr effektvolles Aussehen. Anleitung auf Seite 17

Eine sehr ungewöhnliche, aber umso wirkungsvollere Idee: Ein selbstgemachtes Schachspiel aus Schrauben! Vor dem Basteln müssen Sie ins Fachgeschäft – dort erhalten Sie alle notwendigen Muttern, Schrauben und Metallscheiben. Als Spielfeld dient eine mit Schwarz und Silber besprühte Glasscheibe. Anleitung auf Seite 20

Unsere Riesen-Zigarette haben wir neben den Bistro-Tisch gestellt, damit Sie einmal die Größenverhältnisse sehen: Das Prachtstück ist volle 120 Zentimeter lang – und gehört als Nackenrolle eigentlich ins Bett! Weicher Schaumstoff ist von Baumwollstoff umhüllt, und wenn's ein ganz persönliches Geschenk werden soll, sticken Sie noch das Wappen einer Zigarettenmarke auf! Anleitung auf Seite 13

Schachspiel aus Schrauben

Das braucht man: eine 6 mm starke, geschliffene Glasplatte mit 36 x 36 cm, schwarze und silbergraue Sprühfarbe für die Glasplatte, ebenso Streichlackfarbe für die Figuren, Grundierung, Pinsel, eine Filzplatte mit 35 x 35 cm, Filzreste für die Figurenfüße, Tesafilm, dünne, selbstklebende Folie (für die Glasplatte), Alleskleber; aus dem Fachhandel folgende Schrauben: Senkkopfschrauben: 16 Stück M 8 x 25 mm, 12 Stück M 10 x 50 mm, 4 Stück M 12 x 70 mm; Hutmuttern, sechskant: 16 Stück M 8, 4 Stück M 10, 2 Stück M 12; Kronenmuttern, sechskant: 4 Stück M 10, 2 Stück M 12, 4 Flügelmuttern M 10, 12 Sechskantmuttern M 10 und 4 Sechskantmuttern M 12; Unterlegscheiben für M 12-Schrauben: 14 Stück mit 35 mm und 2 Stück mit 30 mm Außendurchmesser, 8 Zahnscheiben (außenverzahnt) für M 12-Schrauben mit 25 mm Außendurchmesser.
Achtung: Zur besseren Standfestigkeit der Senkkopfschrauben auf einen Durchmesser von mindestens 22 mm bei M 12-Schrauben bzw. 18 mm bei M 10-Schrauben achten (Imbusschrauben). Falls nicht erhältlich, entsprechend große Unterlegscheiben auf die Senkköpfe kleben.
Und so wird's gemacht: Falls Sie keine vorgezeichnete Glasplatte erhalten haben, die Rückseite der Platte entlang der Seitenkanten 4 mm breit mit Tesafilm abkleben. Aus der Folie 32 Quadrate mit 4,4 x 4,4 cm ausschneiden. Mit diesen die grauen Felder abkleben: Entlang des Randstreifens wird immer ein Feld abgeklebt, dann das folgende der 2. Reihe abkleben, danach wieder ein Feld am Randstreifen abkleben. Durch dieses »Zickzack-Verfahren« werden die Abstände (4,4 cm) genauer eingehalten. Auf gerade Linien achten! Anschließend die komplett abgeklebte Platte in Schwarz dünn besprühen. Farbe antrocknen lassen, sprü-

hen, trocknen lassen. Dies muß so oft wiederholt werden, bis die Farbe vollständig gedeckt hat. Nach dem völligen Durchtrocknen der Farbe die Folie abziehen und das gesamte Schachbrett in Silbergrau ebenso besprühen.
Die Figuren wie folgt zusammenschrauben: Für die Bauern auf eine Senkkopfschraube M 8 x 25 mm eine M 8-Hutmutter aufdrehen. 16 Bauern herstellen. Für die 4 Läufer jeweils auf eine Senkkopfschraube M 10 x 50 mm eine Sechskantmutter M 10, dann eine Hutmutter M 10 aufschrauben. Die Sechskantmutter gegen die Hutmutter kontern: Sechskantmutter so weit hochdrehen, bis beide Muttern gegeneinander festgezogen sind. Die 4 Türme wie die Läufer festdrehen, allerdings statt der Hutmutter eine Kronenmutter M 10 so weit aufdrehen, bis das Gewinde gerade ausgefüllt ist. Mit Sechskantmutter kontern. Die 4 Springer ebenfalls wie die Läufer anfertigen, allerdings mit Flügelschrauben statt Hutmuttern (wie beim Turm andrehen). Für die 2 Damen jeweils auf eine Senkkopfschraube M 12 x 70 mm eine Sechskantmutter M 12 bis zum Gewinde-Ende aufschrauben. 4 Unterlegscheiben mit 35 mm, 1 Unterlegscheibe mit 30 mm Durchmesser und 1 Zahnscheibe in dieser Reihenfolge aufsetzen. Anschließend eine Hutmutter M 12 aufschrauben und festdrehen. Die beiden Könige im Prinzip genauso herstellen, allerdings im Wechsel 3 Unterlegscheiben mit 35 mm und 3 Zahnscheiben (mit der Unterlegscheibe beginnen) aufsetzen. Zum Schluß statt der Hutmutter eine Kronenmutter aufdrehen.
Alle Figuren grundieren. Nach dem Trocknen die Hälfte der Figuren in Schwarz, die Hälfte in Silbergrau 1–2mal lackieren. Unter die Schraubenköpfe kleine Filzscheiben in den entsprechenden Größen kleben. Unter die Glasplatte ebenfalls Filz kleben, dabei darauf achten, daß rundum ein Rand von 0,5 cm frei bleibt.

Briefbeschwerer mit fröhlichem Innenleben. Büroklammern, Tintenpatronen oder Reißzwecken – alles wurde in Gießharz gebettet. Ob rund oder eckig, Formen können Sie ganz nach Geschmack aussuchen. Anleitung auf Seite 24

Schmuckkästchen aus Plexiglas! Nicht ganz einfach zu machen – doch die Mühe lohnt sich. Das neon-bunte Material sorgt für die tolle Wirkung. Anleitung auf Seite 21

Ganz schön »flippig«, dieser Wandschmuck: Besorgen Sie sich Polaroid-Kassetten (z. B. beim Fotografen), die Sie mit Lackspray grundieren. Dann Gräser oder Zweige vorhalten und die Kontrastfarbe aufsprühen. Trocknen lassen – und Bilder aus Zeitschriften oder von Postkarten aufkleben!

Schmuckkästchen aus Plexiglas

Das braucht man: 3 mm starkes Plexiglas in Klar mit 27 x 50,2 cm, in Grün mit 25 x 25 cm, Gelb 15 x 25 cm, Orange 5 x 16 cm und Neongelb 10 x 16 cm; Dekopier- oder Laubsäge, Kunststoffkleber, einen wasserlöslichen Filzstift, feines Schmirgelpapier.

Und so wird's gemacht: Beim Sägen von Plexiglas stets mit Wasser oder Öl kühlen, da das Material heiß wird und mit der Säge verkleben kann. Teile mit Filzstift vorzeichnen. Aus dem transparenten Plexiglas einen Boden mit 19 x 27 cm, je 2 Seitenwände mit 5,5 x 26,4 und mit 5,5 x 18,7 cm sowie einen Deckel mit 18,2 x 26,2 cm zusägen. Für die bunten Fächer folgende Teile mit jeweils 5 cm Höhe zusägen: in Orange und Neongelb mit 16 cm Länge, in Grün mit 9 cm und 21 cm, in Gelb mit 13,5 cm, und in Neongelb mit 8 cm Länge. Für die Deckelecken zusägen: in Gelb mit 3 x 7 cm, 3 x 6,7 cm und ein rechtwinkliges, gleichschenkliges Dreieck mit 7 cm Schenkellänge; in Grün mit 3 x 7,5 cm, 3 x 5,6 cm und ein Viereck mit 2 rechten Winkeln und 7,5 cm, 6 cm, 8,8 cm und 2,5 cm Seitenlänge. Dafür ein rechtwinkliges Dreieck mit 6 cm und 10 cm Schenkellänge aufzeichnen und ausgehend vom spitzen Winkel auf dem 10 cm langen Schenkel 2,5 cm abtragen. Senkrecht zum Schenkel durch diesen Punkt eine Linie ziehen und das Viereck aussägen. Für die Verzierungen 4 mm breite und 2–6 cm lange Streifen zusägen.

Für das Kästchen die Seitenwände mit Kunststoffkleber auf die Bodenplatte kleben, dabei mit einer Seitenwand bündig in einer Ecke beginnen. Für die Deckelcken jeweils 3 gleichfarbige Eckteile so zusammenkleben, daß die Rechtecke senkrecht auf dem Dreieck bzw. Viereck stehen. Die Ecken so auf 2 gegenüberliegende Ecken des Deckels kleben, daß sie 4 mm überstehen. Die Deckelplatte paßt genau in das Kästchen und wird durch die Ecken gehalten. Die Fächerteile mit feinem Schmirgelpapier schräg abschmirgeln und in das Kästchen einpassen. Die Teile müssen zwischendurch kontrolliert werden. Fächer einkleben (siehe Foto) und die Verzierungen auf Deckel und Seitenwände kleben.

Briefbeschwerer aus Gießharz

Das braucht man: Bio-Gießharz-Set oder Gießharz, Härter, Polierpaste und rechteckige Gießform, evtl. eine Halbkugel-Gießform, Schmirgelpapier mit 150er und 200er Körnung, Naßschleifpapier mit 400er und 600er Körnung, ein weiches Poliertuch, verschiedenes zum Eingießen.
Und so wird's gemacht: Gießharz und Härter laut Anweisung des Herstellers mischen. Eine 1. Schicht in die Form gießen und antrocknen lassen. Die gewünschten Gegenstände einlegen (nicht eindrücken!). Dabei darauf achten, daß möglichst keine Luftblasen vorhanden sind. Darauf die 2. Gießharzschicht gießen. Evtl. nach dem Antrocknen erneut Gegenstände einlegen (Briefbeschwerer mit Büroklammern), dann eine weitere Gießharzschicht einfüllen. Den Gießharzblock gut durchtrocknen lassen (je nach Produkt 2–3 Tage). Danach die Gummiform entfernen. Wenn erwünscht, den Block gleichmäßig schmirgeln (sehr arbeitsintensiv): zuerst mit 150er, dann 200er Körnung trocken, anschließend naß mit 400er und 600er Körnung. Nach jedem Schmirgeln abwaschen und abtrocknen. Zum Schluß mit einem weichen Tuch und der Polierpaste bearbeiten. Erst jetzt wird der Briefbeschwerer wieder ganz klar.

Zum Sticken und Malen

Freche Früchtchen für die Küche

Tischdecke mit Zitronen und Orangen

Das braucht man: Weißen Aida-Stoff in gewünschter Länge, 140 cm breit (ca. 16 Fäden/4 Kreuze auf 1 cm), 2 cm breites gelbes Schrägband (Länge = Umfang der Decke), Sticktwist: wir verwendeten Mez, die Farbnummern beziehen sich nur auf diese Firma: 5 Stränge in Orange 316, je 2 Stränge in Mittelorange 314 und Hellorange 311, 4 Stänge in Dunkelgelb 295, je 2 Stränge in Hellgelb 300 und Braun 368, 3 Stränge in Dunkelgrün 212, je 2 Stränge in Mittelgrün 203, Hellgrün 206 und Dunkelblaugrün 189, 3 Stränge in Mittelblaugrün 187 und 2 Stränge in Hellblaugrün 185; möglichst einen Stickrahmen.
Und so wird's gemacht: Beim angegebenen Aida-Stoff liegen immer 4 Fäden dicht nebeneinander, dazwischen befindet sich ein »Loch«. Gestickt wird im Kreuzstich über 4 Gewebefäden (= eine 4er-Gruppe) mit 3 abgespaltenen Fäden. Die Mitte der Tischdecke und der Stickvorlage an einer Schmalkante markieren und hier mit dem Sticken beginnen. Nach Ende des Musters wieder vorne beginnen; dabei darauf achten, daß der kurze Teil außerhalb des Markierungszeichens zum Kissen gehört (nicht sticken). Die fertige Tischdecke mit Schrägband einfassen und die Stickerei mit einem Schutztuch von links dämpfen.

Stuhlkissen mit aufgestickten Früchten

Das braucht man: Für jedes Kissen 40 x 40 cm Aida-Stoff (siehe auch Tischdecke) mit 12 Fäden/3 Kreuze auf 1 cm, naturweißen Stoff für das Rückenteil, eine 2 cm dicke Schaumstoffeinlage, Sticktwist: wir verwendeten Mez Mattstickgarn, die Farbnummern beziehen sich nur darauf:

für das Orangenkissen 10 Stränge Rohweiß 926, 6 Stränge Orange 925 und je 1 Strang Mittelorange 314, Hellorange 880, Dunkelgrün 923, Mittelgrün 209, Hellgrün 206 und Braun 378; für das Zitronenkissen 10 Stränge Rohweiß 926, 6 Stränge Dunkelgelb 297, je 1 Strang Hellgelb 300, Dunkelblaugrün 212, Mittelblaugrün 216, Hellblaugrün 214 und Braun 378.

Und so wird's gemacht: Die Motive sind bis auf kleine Abweichungen identisch mit der denen Tischdecke. Sie sind in die Stickvorlage eingetragen: Das Zitronenkissen beginnt ganz links und wird bis zum letzten Zitronenblatt gestickt. Dabei müssen allerdings alle Stiche unterhalb der zusätzlich eingetragenen Linie (in der angrenzenden Orange) in Dunkelblaugrün gearbeitet werden (nicht in Hellorange). Die Orange entfällt. Für das Orangenkissen wird ebenso nach Stickvorlage gearbeitet; alle Teile, die zu den Zitronen gehören (Blatt links und rechts) entfallen. Am besten die Vorlage kopieren und das Motiv mit einem farbigen Stift einrahmen. Alle Stiche außerhalb des Motivs in Rohweiß ausführen. Für die Kissen die jeweilige Mitte von Stoff und Stickvorlage bestimmen und mit diesem Stich beginnen. In Kreuzstichen über 4 Gewebefäden (immer in dieselbe Richtung sticken) arbeiten. Für das Orangenkissen nach dem letzten Musterstich noch je 13 Reihen oben und unten, 12 Reihen links und rechts in der Grundfarbe (Rohweiß) sticken. Danach rundum 6 Kreuzstich-Reihen in Dunkelorange sticken. Für das Zitronenkissen oben und unten je 10 Reihen, an den Seiten 5 Reihen in Rohweiß, danach rundum einen Rahmen über 6 Kreuzstiche in Dunkelgelb sticken. Die gestickten Kissenoberteile rechts auf rechts auf die Stoffreste legen und an 3 Kanten zusammennähen. Nahtzugaben zurückschneiden und versäubern. Schaumstoffpolster einlegen und die 4. Kante von Hand mit unsichtbaren Stichen schließen.

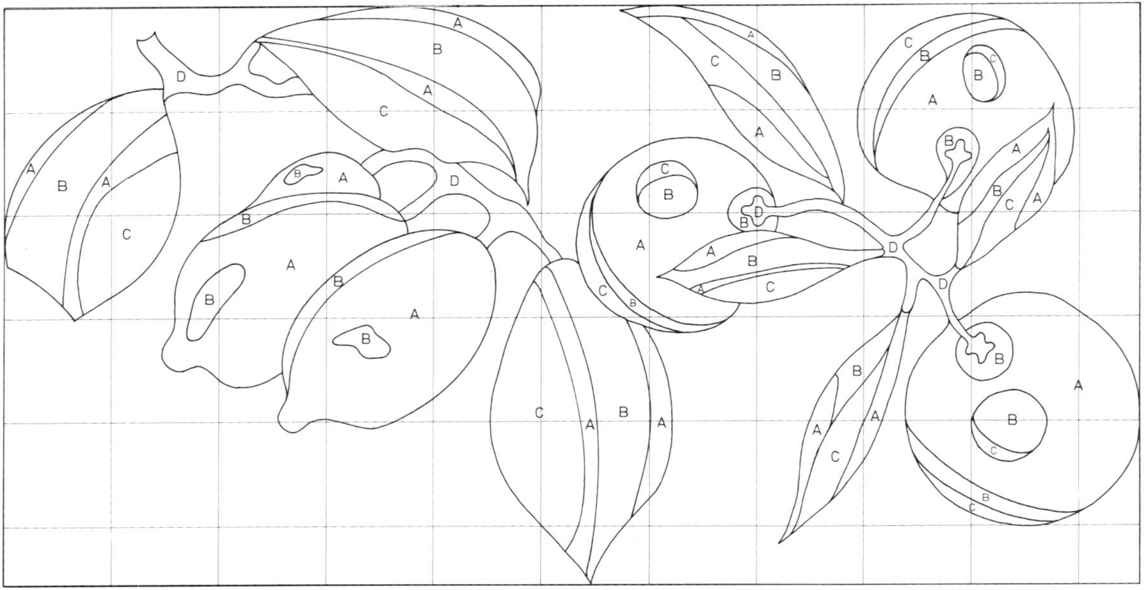

Orangen: A = Orange und Zitronengelb; B = A und Farblos; C = wenig A mit viel Farblos.
Zitronen: A = Zitronengelb und Goldgelb; B = wenig A mit Farblos.
Orangenblätter: A = Saftgrün und Goldgelb; B = A und Zitronengelb; C = wenig B mit Farblos.
Zitronenblätter: A = Saftgrün; B = A und Farblos; C = wenig A mit Farblos.
Stiele: D = wenig Dunkelbraun mit Goldgelb und Farblos.

Ein Rollo, bemalt mit Zitronen und Orangen, rundet die fröhliche Stimmung der Küche richtig ab. Diese Handarbeit fällt auch Ungeübten leicht, da es naturweiße Rollos schon fix und fertig zu kaufen gibt. Vorlagenzeichnung auf Seite 30, Anleitung auf Seite 33

1 = Orange	2 = Dunkelgelb	○ = Dunkelgrün	/ = Dunkelblaugrün
– = Mittelorange	● = Hellgelb	| = Mittelgrün	4 = Mittelblaugrün
v = Hellorange	x = Braun	3 = Hellgrün	5 = Hellblaugrün

Die Stickvorlage für die Tischdecke beginnt beim linken Markierungsstrich. Die zusätzliche Linie zwischen Zitronenblatt und Orange gehört nicht zur Decke.

Für das Zitronen-Kissen ganz links beginnen, am rechten Rand beim Zitronenblatt enden und die Orange nicht mehr sticken.

In der Orange ist eine zusätzliche Linie eingezeichnet: Alle Kästchen unterhalb dieser in Dunkelblaugrün arbeiten.

Für das Orangen-Kissen das gezeichnete Motiv der Orangen mit Blättern sticken. Die Blätter der Zitrone entfallen.

Für beide Kissen: Alle nicht bezeichneten Kästchen außerhalb der Motiv-Teile in Rohweiß arbeiten.

Bemaltes Rollo

Das braucht man: Ein naturweißes Rollo (möglichst nicht imprägniert), Textilfarben: wir verwendeten Deka-Permanent, die Farbangaben beziehen sich nur auf dieses Produkt: je ca. 125 ml in Farblos, Zitronengelb 401 und Goldgelb 402, je ca. 20 ml in Orange 403, Saftgrün 413 und Dunkelbraun 416; einen grauen Stoffmalstift, 2 verschieden starke Pinsel, Schneiderkopierpapier.
Und so wird's gemacht: Den gezeichneten Musterrapport mit Hilfe des Rasters vergrößern. 1 Kästchen = 5 × 5 cm. Die angegebenen Zahlen eintragen und die Vorlage dann mit Schneiderkopierpapier auf das Rollo übertragen (ohne Buchstaben). Den Rapport auf die gesamte Rollobreite immer wiederholen. Alle Konturen mit dem Stoffmalstift nachzeichnen und die Farbe von links nach dem Trocknen einbügeln. In Joghurtbechern wird die Farbe angemischt. Dafür je 4 Becher mit A und B, 3 mit C und einen mit D kennzeichnen. Nur eine Farbe mischen, malen, dann erst die nächste Farbe mischen (trocknet sonst ein). Die Reste immer für die Folgefarbe verwenden. Farbe auf einem Stoffrest kontrollieren und evtl. korrigieren. Angaben zum Mischen finden Sie bei der Vorlage.
Das Rollo auf Zeitungspapier legen und alle Teile entsprechend ausmalen. Nach dem Trocknen die Farbe von links einbügeln.
Tip: In Heimwerkermärkten gibt es Material, um Rollos selbst herzustellen. Kaufen Sie in diesem Fall festen Baumwollstoff. Falls Sie imprägnierte Rollos bemalen wollen, müssen Sie auf andere Farben (Bastelfarben, Lacke) ausweichen, da Stoffmalfarbe nicht haftet.

Ob hübsche Dosen oder elegante Spiegel – bei der Tiffany-Technik wird Glas mit Spezialwerkzeugen geritzt, dann gebrochen und mit selbstklebender Kupferfolie eingefaßt. Das Verbinden mit Lötzinn ist nicht schwierig.

Edles aus Glas – auch für Anfänger

Keine Angst vor Tiffany!

Wichtig beim Ritzen des Glases ist die Handhabung des Glasschneiders

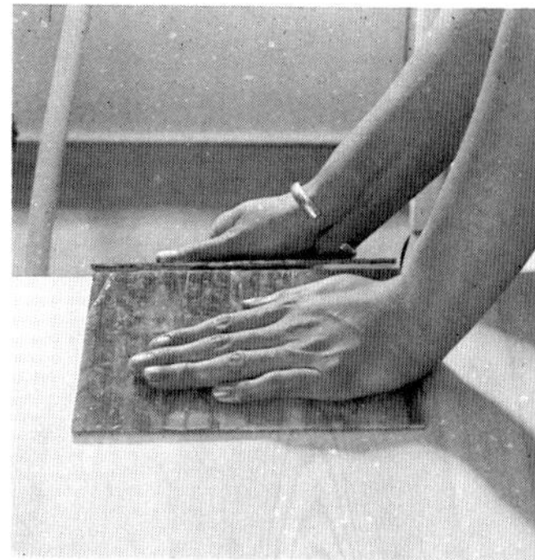

Große Glasstücke brechen Sie mit einem kräftigen Ruck an der Tischkante

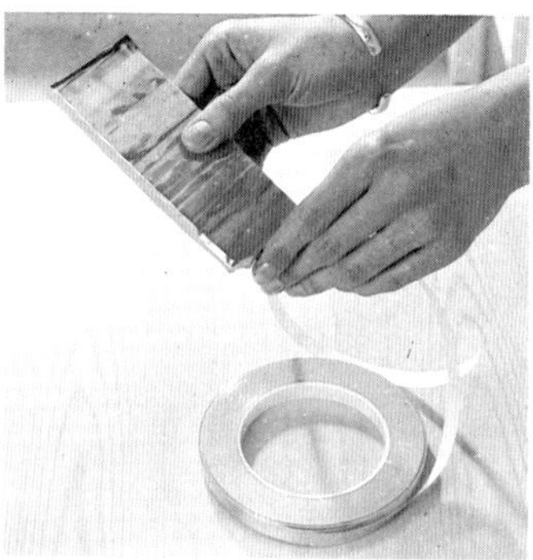

Nach dem Abschleifen die Glasstücke mit selbstklebender Kupferfolie einfassen

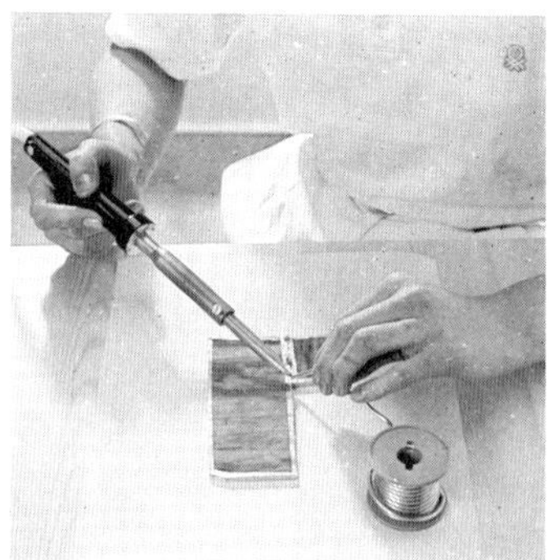

Zum Üben reichen kleine Reste, die Sie punktweise zusammenlöten

Was Sie wissen sollten: Tiffany-Technik ist nicht schwierig – allerdings sollten Anfänger mit geraden, nicht gebogenen, Glasteilen beginnen. Fangen Sie also mit rechteckigen Teilen (z. B. unseren Dosen) an, und üben Sie zuerst das Schneiden des Glases. Stöbern Sie dafür zunächst einmal in der Restekiste Ihres Glasers.

Sämtliche Materialien für die Tiffany-Technik bekommen Sie im Hobbygeschäft

Schönes à la Tiffany

Alle vorgestellten Teile werden nach dem selben Prinzip hergestellt. Deshalb erklären wir hier die Technik allgemein, nicht jedoch jedes Teil getrennt.
Der **Entwurf** entsteht aus einem Rechteck. Zeichnen Sie auf einen Bogen Papier Ihren Entwurf. Für eine Vase muß der Fuß unten etwas breiter als oben sein. Nachdem Sie Ihren Entwurf in Originalgröße auf Papier übertragen haben, fertigen Sie eine Kopie an. Die beiden originalgroßen, identischen Vorlagen werden nun durchnumeriert: Zuerst die erste, dann die zweite mit denselben Zahlen versehen. Eine Zeichnung in Einzelteile (= Schablonen) zerschneiden. Diese Schablonen können nun mit Tesafilm zur Kontrolle zusammengeklebt werden: Jetzt haben Sie einen optischen Eindruck Ihres Teiles. Evtl. Korrekturen ausführen (an beiden Zeichnungen), dann die Schablonen wieder voneinander trennen.

Auch wenn Sie es nicht glauben wollen: Selbst so wunderschöne Schmuckdosen im Tiffany-Stil können Anfänger arbeiten – wenn Sie sich an unsere Anleitung und die guten Tips halten!

Schon etwas schwieriger, aber nicht unbedingt eine Sache für Tiffany-Profis: ein dreieckiger Spiegel, der in jedem Flur oder Wohnzimmer zum attraktiven Blickfang wird (rechts)

Wenn man auf die kleinen Schmuckdosen bunte Glassteine klebt, wirken sie noch interessanter. Läßt man den Deckel weg und arbeitet ins Seitenteil eine kleine Rundung ein, erhält man einen Aschenbecher

Stricken
MUSTERHAFT !

Das braucht man: Glasschneider, Glaskröselzange, Schleifstein oder -maschine, Spezial-Lötzinn (Volldraht mit 60% Zinn- und 40% Bleigehalt), Lötkolben (75 Watt), Lötwasser oder Lötfett (bei Spiegeln), Patina (Kupfer oder Schwarz), Kupferfolie, Holzplatte als Arbeitsunterlage, Filzstift (muß auf Glas schreiben).
Für Spiegel einen entsprechenden Spiegel (vom Glaser) und Tiffany-Glas, ansonsten an Glas: Opalescentglas, Echt-Antikglas oder anderes in den entsprechenden Größen und Farben, teilweise Glassteine zum Einsetzen.
Und so wird's gemacht: Die ausgeschnittenen Schablonen auf das entsprechende Glas legen und nachzeichnen. Bei gemasertem Glas auf die Maserrichtung achten. Die Nummer des jeweiligen Teiles ebenfalls auf das Glas übertragen. Nun den Glasschneider senkrecht halten (siehe Foto) und die Kontur nachziehen. Sie können auch entlang der Schablonen schneiden. Beim Ritzen einen gleichmäßigen Druck ausüben und den Schneidevorgang nicht unterbrechen. Am besten den Schnitt auf der Arbeitsunterlage auslaufen lassen. Nun wird das angeritzte Glas gebrochen. Große Stücke dabei über der Tischkante brechen: Schnittstelle an die Tischkante legen, eine Hand auf die Platte legen und mit der 2. Hand das Glas mit einem kräftigen Druck brechen. Kleinere Stücke mit der Glaskröselzange auseinanderbrechen. Die Arbeitsgänge sind auf den Farbfotos genau zu sehen. Für runde und gebogene Linien zunächst ein Rechteck um das Teil ausschneiden und -brechen. Anschließend von der gebogenen Linie nach außen mehrere Schnitte machen und einzelne Teile abbrechen. Nun werden die Kanten mit einem Lappen abgewischt und dann mit dem Schleifstein unter Zugabe von Wasser glattgeschliffen. Die so vorbereiteten Teile mit Kupferfolie umwickeln, die oben und unten überstehende Folie auf das Glas umbiegen und mit dem

Griff des Glasschneiders fest anreiben. Die 2. Vorlagenzeichnung auf die Arbeitsplatte legen, und darauf die Glasteile anordnen. Teile mit Stecknadeln oder Heftzwecken fixieren und dann die Lötstellen mit Lötwasser oder -fett einstreichen. Mit dem heißen Lötkolben und etwas Lötzinn die Teile zunächst an einigen Punkten miteinander verbinden, dann erst die ganze Lötnaht arbeiten. Dabei auf glatte, runde Nähte achten. Die zusammengefügten Teile vorsichtig wenden und auf der Rückseite die Lötnähte ebenso arbeiten. Die Lötnähte evtl. mit Patina einstreichen (verdunkelt). Anschließend das Teil mit Spülmittel und Wasser reinigen.

Döschen in Tiffany-Technik

Die Döschen bestehen vorwiegend aus rechteckigen Teilen. Für Glassteine müssen kleine Rundungen wie folgt ausgeschnitten werden: Die Vorlagenzeichnung wie gewohnt anfertigen. Den Stein an die gewünschte Stelle legen und nachzeichnen. Nun haben Sie die genauen Rundungen für Steine. Die Vorlage wird wieder ausgeschnitten und auf Glas übertragen. Das Glas ritzen und brechen.

Für die kleinen Rundungen des Steines die Glasscheibchen anritzen und mit der Glaskröselzange vorsichtig brechen. Der Glasstein wird ebenfalls mit Kupferfolie eingefaßt und gelötet. Arbeiten Sie zuerst alle Seitenteile, Boden und Deckel getrennt. Anschließend die Seitenteile miteinander verlöten. Den Boden anlöten und an einem Seitenteil ein kleines Messingröhrchen (ca. 1,5 mm Durchmesser) oben anbringen. Der Deckel wird mit Hilfe von kleinen Winkeln befestigt: Kleine Drahtstücke zu Winkeln biegen, in das Röhrchen stecken und dann den Deckel an diese Winkel löten.

Eine Hilfe beim Verbinden von Gefäßen ist ein Holzklötzchen oder ähnliches: Teile daran anlegen und dann verlöten. So haben Sie immer einen rechten Winkel.

Wohn-Ideen im historischen »Bauhaus«-Stil

Klare Muster, fröhliche Farben

Tagesdecke aus glänzendem Satin

Größe: 200 x 220 cm
Das braucht man: 1,80 m roten, je 1,50 m gelben und blauen und 0,80 m grauen Satin, je 140 cm breit, 2,70 m schwarzen Satin, 2,30 cm breit (oder 5,40 m bei 140 cm Breite), 0,90 m Vlieseline zum Aufbügeln, 90 cm breit, Einlagevlies mit 200 x 220 cm (evtl. aus 2 Teilen zusammengesetzt), Nähgarn in den angegebenen Farben.
Und so wird's gemacht: Das Farbmotiv der Schemazeichnung (nur innerer Kreisteil) auf Packpapier übertragen. Dafür an einen entsprechend langen Faden einen Bleistift binden, mit einer Reißzwecke das andere Fadenende auf dem Papier befestigen und die angegebenen Kreisbogen ziehen. Alle geraden Linien eintragen, dabei auch die gestrichelten Linien übertragen. Die äußerste Motivkontur auf die Vlieseline übertragen und ausschneiden. Die einzelnen Farbteile auf die entsprechenden Stoffe übertragen, dabei die gestrichelten Linien durchziehen. Teile mit ca. 2 cm Nahtzugabe ausschneiden und laut Zeichnung aneinandernähen. Der gelbe Kreis wird nachträglich angenäht. Beim Zusammensetzen mit den mittleren Streifen beginnen, dann die Halbkreise annähen. Den gelben Kreis auf diesen Motivteil übertragen und mit ca. 2 cm Nahtzugabe ausschneiden. Nun den gelben Stoffkreis rechts auf rechts einnähen. Anschließend hinter dieses Motiv die Vlieseline bügeln. Die großen Farbteile der Decke laut Schemazeichnung mit ca. 2 cm Nahtzugabe zuschneiden (als komplette Rechtecke) und entsprechend zusammennähen. Das eingesetzte Farbmotiv aufzeichnen und mit ca. 2 cm Nahtzugabe ausschneiden. Den Motivteil nun rechts auf rechts einnähen. Für den äußeren Rahmen in Schwarz je 2 Streifen mit 2,20 x 0,10 m

und mit 2 x 0,10 m plus 2 cm Nahtzugaben zuschneiden. Den Stoff mit der rechten Seite nach oben hinlegen und an der unteren Längskante von beiden Ecken aus 10 cm nach innen abtragen. Von hier aus zur äußeren Ecke die Streifen schräg abschneiden (Nahtzugaben 2 cm berücksichtigen). Die Streifen nun rechts auf rechts auf die entsprechende Kante des Vorderteils legen und annähen. An den schrägen Kanten in den Ecken die Streifen jeweils zusammennähen. Vorderteil bügeln und auf das Einlagevlies legen. Zuerst rundum knappkantig, dann entlang der Ansatznähte der großen Rechtecke die Teile zusammennähen. Das Rückenteil (ca. 2,20 x 2,00 m plus 2 cm Nahtzugabe) rechts auf rechts auf das Vorderteil legen und zusammennähen, dabei an einer Kante eine Öffnung zum Wenden lassen. Tagesdecke wenden, die Nahtzugaben der Öffnung nach innen bügeln und die Öffnung von Hand schließen. Evtl. die gesamte Decke entlang der Ansatznaht Rahmen/Patchworkteil von rechts absteppen.

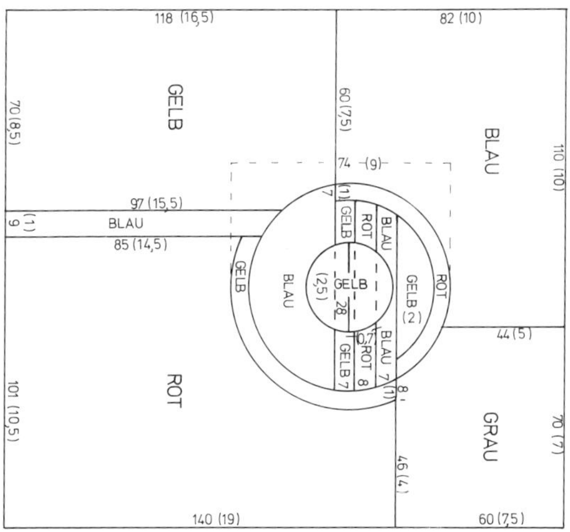

Topflappen in Knallfarben

Die Zahlen in Klammern gelten nur für das Seidenbild mit Stickerei

Das braucht man: je ca. 50 g mercerisiertes Baumwollgarn (100% Baumwolle; Lauflänge ca. 250 m per 50 g) in Rot, Gelb, Blau, Schwarz und Grau, eine Häkelnadel Nr. 3½.

Und so wird's gemacht: Von jedem Knäuel die Hälfte zu einem neuen Knäuel abwickeln. Es wird stets mit doppeltem Faden gearbeitet.

Abkürzungen: M. = Maschen, fe. = feste, R. = Reihe, Rd. = Runde, Lftm. = Luftmaschen.

Maschenprobe: 20 M. und 26 R. = 10 x 10 cm.

Grundmuster: In fe. M. arbeiten; mit 2 Lftm. wenden.

Gestreifter Topflappen mit ungleichmäßigen Streifen: In Rot 30 Lftm. plus 2 Lftm. zum Wenden anschlagen und 18 R. (ca. 7 cm) fe. M. häkeln. Anschließend 13 R. (ca. 5 cm) in Blau, dann 8 R. (ca. 3 cm) in Gelb arbeiten. Den Topflappen mit einer Rd. fe. M. in Schwarz umhäkeln. Dabei in jede Eck-M. 2 fe. M. arbeiten. Nach der letzten M. 15 Lftm. für den Aufhänger häkeln und mit einer Kett-M. in der 1. M. befestigen. Arbeit einstellen, Linien zwischen den Farbfeldern mit schwarzen Hexenstichen sticken.

Gestreifter Topflappen mit gleichmäßigen Streifen: Den Topflappen wie den zuvor beschriebenen, allerdings pro Farbe 13 R. (ca. 5 cm) arbeiten.

Quadratischer Topflappen: In Grau 8 Lftm. plus 2 Lftm. zum Wenden anschlagen und 11 R. häkeln (ca. 4 x 4 cm). In Rd. weiterarbeiten: 6 Rd. in Rot, dabei in jede Eck-M. 3 fe. M., 6 Rd. in Gelb, dabei in der 1., 2., 4. und 5. Rd. in jede Eck-M. 3 fe. M. Dann 3 Rd. in Schwarz, dabei in der 1. und 2. Rd. 3 M. in die Eck-M. arbeiten. Am Ende der Arbeit wieder einen Aufhänger über 15 Lftm. häkeln.

Runder Topflappen: In Gelb 3 Lftm. anschlagen und mit

Topflappen hat man nie genug! Diese lustigen Exemplare passen vor allem gut in weiße Küchen, wo sie leuchtende Akzente setzen. Gehäkelt sind die Topflappen aus glänzendem Baumwollgarn – und kinderleicht nachzuarbeiten.
Anleitung Seite 46

Eine interessante Kombination: Seidenmalerei und Stickerei. Der bemalte Stoff wirkt durch aufgestickte Konturen und das mit Watte gepolsterte Kreismotiv besonders plastisch. Mit einem solchen Bild erzielen Sie wunderschöne Licht- und Schattenwirkungen.
Anleitung Seite 48

einer Kett-M. zum Ring schließen. Jede Rd. mit einer Kett-M. schließen, neue Rd. mit 2 Lftm. beginnen.
In den Ring 5 fe. M. arbeiten. In der 2. Rd. jede M. verdoppeln (in jede M. 2 fe. M. häkeln) = 10 M., **3. Rd.:** jede 2. M. verdoppeln = 15 M., **4. Rd.:** jede 3 M. verdoppeln = 20 M., **5. Rd.:** jede 4. M. verdoppeln = 25 M. In dieser Weise weiterarbeiten (jede 5., dann 6. usw. M. verdoppeln). 9 Rd. in Gelb, danach 7 Rd. in Rot arbeiten (= 80 M.). Anschließend über 53 M. in Reihen in Grau weiterhäkeln, über die restlichen M. in Blau arbeiten (Zunahmen wie beschrieben weiterführen). Zuerst den grauen Teil arbeiten, dann den blauen Teil häkeln, dabei das Teil mit Kett-M. am grauen Rand befestigen. Zum Schluß 5 R. in Gelb über die Hälfte der M. häkeln, dabei in jeder R. 2 M. zunehmen = 120 M. Den Topflappen mit 1 Rd. fe. M. in Schwarz umhäkeln, dabei über der gelben Fläche einen Aufhänger über 15 Lftm. arbeiten. Fäden vernähen und zwischen dem grauen und blauen Farbfeld im Hexenstich sticken.
Alle Topflappen zum Schluß dämpfen.

Grafisches Seidenbild mit Stickerei

Das braucht man: Je ca. 33 x 25 cm Crêpe de Chine und weißen Flanell, Seidenmalfarben in Türkis, Rot, Gelb und Grau, farblose Gutta, je 2 Stränge Sticktwist in Dunkelgelb, Gelborange, Rot, je einen Strang in Blau, Blautürkis, Schwarz und Mittelgrau; je einen mittleren und starken Haarpinsel, einen Holzrahmen, Tesakrepp, Dreizackstifte.
Tip: Verwenden Sie Seidenmalfarben, die flüssig oder durch Bügeln fixiert werden.
Und so wird's gemacht: Die Vorlagenzeichnung mit Hilfe der eingetragenen Zahlen (in Klammern) vergrößern und

alle Konturen mit Filzstift nachziehen. Den Holzrahmen mit Tesakrepp abkleben und die Seide straff aufspannen. Die Zeichnung unter die Seide legen und mit einem weichen Bleistift oder sofort mit Gutta nachzeichnen. Gutta trocknen lassen, dann die Farbfelder laut Foto ausmalen. Für das kleine Feld Grau mit etwas Blau mischen, das große Feld daneben Grau ausmalen. Darauf achten, daß die 1. Farbe angetrocknet ist, ehe das danebenliegende Farbfeld bemalt wird. Nicht über die Guttalinien zeichnen. Die Seidenmalerei trocknen lassen und fixieren.
Die Seidenmalerei auf den Flanell legen, glattstreichen und rundum zusammennähen. Für die Stickerei in die graue Fläche von oben nach unten, in die gelbe Fläche von rechts nach links alle 0,5 cm einen Strich ziehen (mit weichem Bleistift). Die gelbe Fläche 3fädig im Stielstich besticken: Auf die Bleistiftlinie in Dunkelgelb, daneben anstoßend in Gelborange jeweils eine Reihe arbeiten. Die graue Fläche in Rot und Grau ebenso besticken. Die blaue Fläche diagonal (unten beginnen) mit Knötchenstichen arbeiten: 2 Reihen in Blau sticken, 0,7 cm freilassen und eine weitere Doppelreihe arbeiten. Bei der 3. Doppelreihe in der 1. Reihe mit Blau beginnen, dann zu Blautürkis übergehen. Die 2. Reihe in Blautürkis sticken. Die Konturen des blauen Streifens (quer) 3fädig im Stielstich (Blautürkis) arbeiten. Die gelben und roten Flächen im Kreismotiv in Dunkelgelb bzw. Rot arbeiten. Den äußeren, blauen Halbkreisbogen in Blautürkis umsticken. Die gelben Halbkreisbogen jeweils mit 2 Reihen in Gelborange arbeiten. Zum Schluß die Konturen des Bildes 5fädig in Schwarz besticken, dabei bis auf folgende Abweichungen alle geraden Linien als Doppelreihen stikken: Nicht beim blauen Trennungsstreifen rechts, beim roten und gelben Streifen im Motiv.
Das Bild rahmen oder vom Fachmann rahmen lassen.

Von Spielzeugkästen bis zur Türtafel

Gute Tips fürs Kinderzimmer

Spielzeug-Kisten aus Sperrholz

Das braucht man: Für eine Kiste jeweils 10 mm starkes Sperrholz in folgenden Größen: 2mal 45 x 43 cm (Rückwand und Front), 3mal 43 x 43 cm (2 Seitenwände und Boden), je 1mal 44,5 x 44,5 cm (Deckel-Oberteil) und 42,5 x 42,5 cm (Deckel-Unterteil); je ca. 2 m Holzleiste (10 x 10 mm) und Winkelleiste (90 Grad, 2 cm breit), Holzspachtelmasse, Holzschrauben (25 x 1,5 mm), Lack, 2 cm starken Schaumstoff mit 45 x 45 cm und festen Baumwoll- oder Möbelbezugsstoff mit 50 x 50 cm.
Und so wird's gemacht: An beiden Seitenwänden für die Griffe jeweils 4 cm und 7 cm von der Oberkante eine Linie zeichnen. Diese muß genau in der Mitte der Seitenwand sitzen und ist ca. 12, 5 cm lang. Das Rechteck aussägen und die Ecken abrunden. Je 2 Holzleisten mit 41 cm und 43 cm Länge, 4 Winkelleisten mit 41 cm Länge zusägen.
Die Platten gleichmäßig spachteln, trocknen lassen, dann mit feinem Schmirgelpapier glätten. Holzleisten 10 mm von der Unterkante auf die Rückwand, Front und Seitenwände leimen. Zusätzlich anschrauben. Schraublöcher evtl. vorbohren. Auf diese Leisten den Boden leimen und verschrauben. Die Seitenwände, Rückwand und Front mit Hilfe der Winkelleisten miteinander verleimen und verschrauben (ebenfalls von innen). Den Würfel und das Deckel-Unterteil (nur auf einer Seite) vorstreichen, nach dem Trocknen leicht aufrauhen und mit einer Lackrolle 1–2mal lackieren. Auf das Deckel-Oberteil den Schaumstoff und dann den Bezugsstoff legen. Überstehende Stoffkanten auf die Rückseite ziehen, Stoff gut spannen und festtackern. Anschließend das Deckel-Unterteil mit der nicht lackierten Seite so auflegen und anschrauben, daß rundum ca. 1 cm Abstand zur Kante freibleibt.

Rotes Hängeregal

Das braucht man: Kiefer-Vierkantleisten mit 5 x 2 cm: 8 Stück mit 110 cm und 2 Stück mit 66 cm Länge, Holzschrauben, Holzleim, Lackfarbe, 2 Klappscharniere (für Schrägen), 4 Haken, eine Kette.
Und so wird's gemacht: Die langen Hölzer parallel zueinander legen und darauf die kurzen Hölzer (rechts und links bündig) auflegen. Den Abstand zwischen den langen Hölzern entsprechend korrigieren, dann die kurzen Hölzer anleimen und verschrauben. Kanten schmirgeln und das Regal 1–2mal lackieren. Die Scharniere auf eine der kurzen Leisten um 3 cm nach innen versetzt so anschrauben, daß sie mit der Längskante außen abschließen. In die 2. kurze Leiste 2 Haken montieren. Die beiden anderen Haken in die Decke montieren (dübeln) und das Regal mit Hilfe der Kette einhängen. Die Scharniere an der Wand markieren, Regal abhängen und Dübel anbringen. Das Regal jetzt festschrauben und mit der Kette aufhängen.

Stubenwagen für Kleinkinder

Das braucht man: 3 x 3,5 cm starke Vierkanthölzer mit 42 cm Länge (5 Stück) und 55 cm Länge (4 Stück), 2 Vierkanthölzer mit 4 x 4 cm Stärke und 42 cm Länge, 4 Scheiben mit 30 cm Durchmesser (1,5–2 cm starke Span- oder Kieferplatten), 4 Stücke eines Holzbesenstiels mit 3,5 cm Länge, 4 große Unterlegscheiben, 4 Schrauben mit 4,5 cm Länge, Holzschrauben, Holzleim, einen Hula-hoop-Reifen, Stoff für den Himmel (hier ca. 2 x 1,50 m), einen Weidenkorb, Klammerhalter.

Die Tür wird zur Tafel: einfach grüne Tafelfarbe (Baumarkt) mit einer Schaumstoffrolle auftragen. Als Ablage dient ein 40 cm langes und 10 cm breites Brett, das weiß lackiert und mit einem Streifen Teppichband an der Tür befestigt wird

Hier sehen Sie gleich zwei Sachen, die Sie mit unseren Anleitungen (Seite 53 und 57) selbst machen können: den lustigen Pilz-Teppich und den hübschen Stubenwagen mit Rädern und einem romantischen Stoffhimmel. Beim Basteln des Wagens muß Vati helfen, damit's auch schön stabil wird

Hier geht es um das praktische Regal, das über dem Schreibtisch hängt. Auch in kleinen Zimmern schafft man so zusätzlichen Platz für Spiel- oder Schulsachen. Durch die Aufhängung kann es auch in Räumen mit schrägen Wänden befestigt werden

Dieses Bild zeigt die Montage des Hängeregals. Arbeiten Sie mit einer Wasserwaage, damit's auch ganz gerade wird. Das Regal besteht aus rot lackierten Holzleisten.
Anleitung Seite 53

Und so wird's gemacht: Ein 42 cm langes Holz mit 4 x 4 cm auf den Fußboden legen. Zwei 55 cm-Hölzer kreuzweise so darüberlegen, daß die Enden des 42 cm-Holzes etwa 3 cm überstehen. Die beiden Hölzer am Kreuzungspunkt markieren und für die Aussparung jedes der beiden Hölzer zur Hälfte einsägen und aussparen (mit Stechbeitel). Mit einer Feile glätten, dann die beiden Hölzer verleimen. Die Unterkanten, die auf das 42 cm-Holz treffen, schräg zusägen, damit sie gerade aufliegen. Ein 2. Kreuz herstellen. Jedes Holzkreuz auf das 42 cm-Holz leimen und schrauben.
Mit einem 42 cm langen und 3,5 x 3,5 cm starken Vierkantholz die beiden Kreuze in ihrem Kreuzpunkt miteinander verbinden (leimen und schrauben). Zwischen die Endpunkte der 55 cm-Hölzer auf das 42 cm-Holz ebenfalls ein 42 cm-Holz schrauben, die Schraube aber nicht ganz festziehen. Unterbau aufstellen und mit der Wasserwaage kontrollieren. Evtl. Korrekturen ausführen und dann verleimen und -schrauben. Oben ebenso 42 cm lange Hölzer zwischen die beiden Kreuze leimen und schrauben. Alle Kanten glätten, anschließend schmirgeln. In die Mitte der Holzscheiben je ein Loch bohren und auf den Durchmesser des Besenstiels ausarbeiten. Alle Räder schmirgeln, auf einen Besenstiel stecken und den Gleichlauf kontrollieren. In die 42 cm langen und 4 x 4 cm starken Hölzer des Unterbaus eine 1,5 cm tiefe Aushöhlung im Durchmesser des Besenstiels arbeiten. Besenstielstücke einleimen, Räder aufstecken und eine Unterlegscheibe vorsetzen. Die langen Schrauben eindrehen. Den Weidenkorb aufsetzen und festschrauben. Für den Himmel die Längs- und die Unterkante doppelt säumen. An der oberen Kante einen ca. 4 cm breiten Saum arbeiten. Der Hula-hoop-Reifen hat an seiner Schnittstelle ein Holzstück. Hier wird der Reifen getrennt, das Holz aber nicht durchschneiden. Stoff aufziehen, Reifen mit Hilfe des Holzes wieder schließen (nur stecken).

Evtl. Reifen etwas zurückschneiden. Mit Klammerhaltern den Stoff feststecken, ein Band durch die Halter ziehen und dann das Band an die Decke hängen (mit Dübel und Haken). Den Himmel mit Schleifenband dekorieren.

Pilzteppich aus weichem Flanell

Das braucht man: 1,70 m weißen und 0,50 m roten Flanell, je mindestens 100 cm breit, Stoffreste, Nähgarn in entsprechenden Farben, ein Einlagevlies mit ca. 125 x 88 cm.

Und so wird's gemacht: Die Schemazeichnung auf Packpapier zeichnen. Das Gesicht ebenfalls einzeichnen. Pilzkopf und -bauch trennen und den Kopf 2mal in Rot, den Bauch 2mal in Weiß zuschneiden. Mit Schneiderkopierpapier die Gesichtskonturen auf den Bauch übertragen. Zusätzlich die Konturen auf Stoffreste übertragen. Gesichtsteile auf einem Bauchteil feststecken und mit eng eingestelltem Zickzackstich applizieren. 5 weiße Kreise mit je 7 cm Durchmesser auf einen Pilzkopf nähen. Appliziertes Bauch- und Kopfteil rechts auf rechts legen und die Ansatzlinie (im Schnitt Trennungslinie) steppen. Die anderen beiden Teile ebenso zusammennähen. Das applizierte Teil auf das Einlagevlies legen und mit Zickzackstichen zusammennähen. Überstehendes Vlies zurückschneiden und das andere Pilzteil rechts auf rechts auflegen. Rundum zusammennähen, dabei eine Öffnung zum Wenden lassen. Teppich wenden und die Öffnung von Hand schließen.

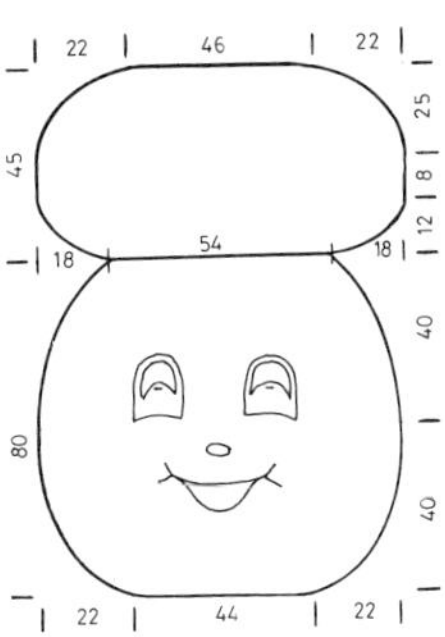

Kissen, Teppiche, Spiegel und noch mehr

Wohn-Accessoires mit Pfiff

Gabi
Nr. 9

Stick-Kissen mit grafischem Motiv

Das braucht man: Für 3 Kissen (30 x 30 cm) 35 cm »Dreherstramin«, 100 cm breit, pro Kissen einen farblich passenden Baumwollstoff mit ca. 35 x 35 cm, Füllwatte; zum Sticken je 2 Stränge (à 10 g) Kelim-Wolle (100% Schurwolle): für das **grüne Kissen** in Hellgrün, Mittelgrün und Dunkelgrün; für das **blaue Kissen** in Hellblau, Mittelblau und Dunkelblau; für das **rote Kissen** in Hellrosa, Mittelrosa, Dunkelrosa, Hellbordeaux, Mittelbordeaux und Dunkelbordeaux; eine Sticknadel.

Und so wird's gemacht: Den Stramin in 3 Teile mit je ca. 33 cm Breite schneiden. Alle Schnittkanten umsticken oder mit Tesafilm umkleben, damit der Stramin nicht ausfranst. Für alle Kissen werden Spannstiche über 4 Gewebefäden gearbeitet. Die jeweiligen Muster setzen sich aus einem Rapport zusammen. Jede gezeichnete Fläche im Rapport bedeutet Spannstiche über 4 Gewebefäden in der entsprechenden Farbe.

Für diagonale Linien die Stiche einer Farbe immer um einen Gewebefaden nach oben bzw. nach links versetzen. Am Anfang und Ende einer Diagonalen die Stiche über weniger Gewebefäden sticken, so daß eine gerade Kante entsteht: Am Anfang zuerst über 1, dann über 2, über 3, ab dann immer über 4 (am Ende in umgekehrter Reihenfolge) sticken.

Jedes gezeichnete Musterquadrat entspricht 36 Stichen bzw. Gewebefäden in Höhe und Breite.

Beim blauen Kissen (Stickvorlage II) beträgt die Höhe 72 Gewebefäden.

Grünes Kissen: Stickvorlage I; das Kissen rechts unten, ca. 1,5 cm von den Schnittkanten entfernt, beginnen. Zuerst eine Musterhöhe arbeiten: 8 Stiche in Hellgrün, darüber 20 in Mittelgrün, darüber wieder 8 Stiche in Hellgrün. Neben dem hellgrünen Rechteck (oben) nach links gehen und laut Musterrapport weiterarbeiten. Nachdem der Mustersatz fertig ist, den Rapport um 90 Grad drehen (die schmalen Rechtecke »stehen« nun außen). Das hellgrüne Garn durch das dunkelgrüne ersetzen und den Mustersatz wie den 1. Rapport sticken. Daneben wird wieder das Originalmuster (nicht gedreht, Hellgrün-Mittelgrün) gestickt. Zum Schluß wieder ein gedrehtes Muster in Mittelgrün-Dunkelgrün sticken. Es wurden 4 Mustersätze gearbeitet. Ebenso in der Höhe verfahren: Über ein Originalmuster ein gedrehtes Muster (Mittelgrün-Dunkelgrün), über ein gedrehtes ein Originalmuster arbeiten. In der Höhe werden ebenfalls 4 Mustersätze gestickt.

Blaues Kissen: Stickvorlage II; wie beim grünen Kissen beginnen und das Muster 2mal in der Höhe und 4mal in der Breite arbeiten. Für die diagonalen Linien die Angaben am Anleitungsbeginn beachten.

Rotes Kissen: Stickvorlage III; wie beim grünen Kissen beginnen und das Muster im Wechsel 1mal wie gezeichnet, 1mal um 90 Grad gekippt, sticken. Den Rapport insgesamt

Stickvorlage I
1 = Hellgrün
2 = Mittelgrün
3 = Dunkelgrün
(im gedrehten Rapport statt 1)

Stickvorlage II
1 = Hellblau
2 = Mittelblau
3 = Dunkelblau

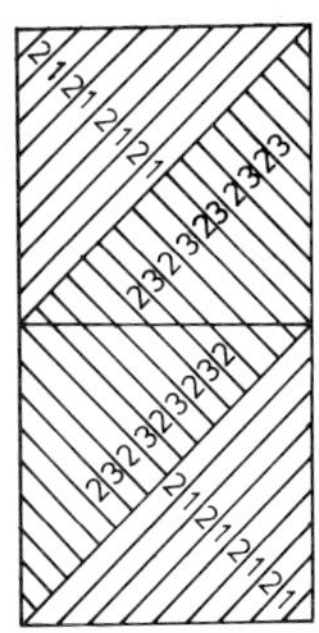

Stickvorlage III
1 = Hellrosa
2 = Mittelrosa
3 = Dunkelrosa
4 = Hellbordeaux
5 = Mittelbordeaux
6 = Dunkelbordeaux

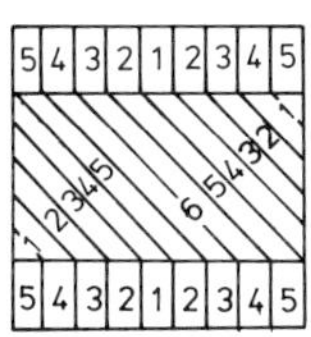

Häkeln Sie sich doch einen Teppich – aus Strumpfhosen! Die Perlonstrümpfe (natürlich auch mit Laufmaschen) schneiden Sie spiralförmig in Streifen. Dann Luftmaschen in gewünschter Länge anschlagen und in festen Maschen oder Stäbchen häkeln. Der Teppich kann auch in Patchwork-Technik aus lauter einzelnen Quadraten gehäkelt werden – je nach Anzahl der vorhandenen Strümpfe. So läßt er sich ständig vergrößern. Den fertigen Teppich umhäkeln Sie mit festen Maschen. Ist unser Exemplar nicht ein wahres Schmuckstück für die Eßecke geworden?

Eine Teppich-Idee für junge und für junggebliebene Leute: Bunte Plüschreste werden zu Rechtecken geschnitten und auf Stramin genäht. Größe und Muster können Sie selbst bestimmen. Sehen Sie mal im Kaufhaus nach, in wie vielen tollen und witzigen Motiven man Plüsch kaufen kann! Anleitung Seite 64

Und hier etwas für ganz Romantische: Kissen aus schimmerndem Satin, bestickt mit funkelnden Pailletten. Wer mag und genügend Zeit findet, näht noch Perlen und Glastifte auf. Solch ein prachtvolles Kissen ist natürlich auch eine sehr schöne Idee zum Verschenken. Anleitung Seite 65

4mal in der Höhe und 4mal in der Breite sticken. Für die diagonalen Linien die Angaben am Anleitungsbeginn beachten.

Fertigstellung der Kissen: Den entsprechenden Baumwollstoff rechts auf rechts auf den bestickten Stramin legen. Die Teile zusammennähen, dabei eine Öffnung zum Wenden lassen. Kissen wenden, die Ecken ausstreifen und die Kissen füllen. Die offene Naht mit unsichtbaren Stichen schließen.

Plüsch-Teppich aus Resten

Das braucht man: Plüschreste in verschiedenen Farben, festen Stramin mit ca. 112 x 124 cm (eventuell aus 2 Stükken zusammennähen), farblich passendes Nähgarn.

Und so wird's gemacht: Laut Maßangaben der Schemazeichnung die Plüschreste zuschneiden. Den Teppich von innen nach außen arbeiten, dabei darauf achten, daß die

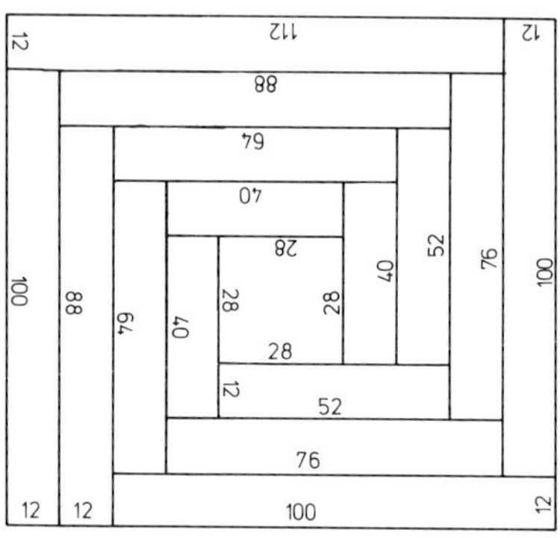

Plüschhaare an der Naht außen liegen. Zunächst an die vier Seiten des Quadrates die entsprechenden Streifen rechts auf rechts nähen. Streifen an den Schmalseiten ebenfalls rechts auf rechts zusammennähen. Die nächsten Streifen ebenso annähen und den gesamten Teppich in dieser Weise fertigstellen. Alle Nahtzugaben versäubern, dann die Außenkanten ca. 1 cm nach links legen und festheften. Am Stramin die Außenkanten ebenfalls 1 cm weit umlegen. Den Stramin auf die linke Seite des Teppichs legen und von Hand mit unsichtbaren Stichen annähen. Dabei liegen die Nahtzugaben zwischen den Teilen. Die Plüschhaare mit einer Stricknadel aus den Nähten ziehen.

Satinkissen mit Pailletten

Das braucht man: Für jedes Kissen 40 cm (50 cm für das runde) Satin, 90 cm breit, Füllwatte, passendes Nähgarn. Pailletten für das graue Kissen: schwarze und silberne mit ca. 0,5 cm, silberne mit ca. 1 cm Durchmesser, dunkle und hellrosa Perlen, schwarze Glasstifte mit ca. 0,5 cm Länge. Für das blaue Kissen verschieden große bunte Sternpailletten, kleine grüne Perlen.
Für das rosafarbene Kissen unterschiedlich große runde Pailletten in Weiß und Rosatönen, rosafarbene Blatt- und goldene Sternpailletten, kleine, durchsichtige Perlen.
Und so wird's gemacht: Den grauen und blauen Satin in 2 Rechtecke mit 40 x 40 cm zuschneiden. Den rosafarbenen Satin in 2 Kreise mit 30 cm Durchmesser und einen Streifen mit 11 x 65 cm zuschneiden. Auf ein Quadrat jeder Farbe bzw. auf einen Kreis die Pailletten wie folgt aufnähen (Details zu den Kissen siehe am Ende der Anleitung): Pailletten schuppenförmig aufnähen: Von links nach rechts

Zuerst war da nur ein gerahmter Spiegel. Sie können selbst so ein prächtiges Exemplar daraus machen – mit Modelliermasse, Goldbronze, Flüssigkeit zum Glasätzen und viel Liebe zu hübschen Details

Hier ein Spiegel à la Jugendstil. Er wirkt durch die zarten Motive besonders elegant. Auch dieses verschlungene Muster wird geätzt (keine Angst, das geht ganz einfach), der modellierte Rahmen mit Gold bemalt. Zum Schluß kleine Glasperlen aufkleben. Alle Anleitungen auf Seite 69

Auf dem Rahmen dieses Spiegels ruht sich ein müder Cowboy aus. Die Figur wird aus Modelliermasse geformt, im Backofen getrocknet und dann auf den Spiegel geklebt. Die Äste des Baums sind in den Spiegel eingeätzt. Ein witziger Blickfang für Küche oder Diele!

ausstechen, Paillette aufnehmen und auf den Stoff legen. Dicht neben der Paillette (am äußeren Rand) wieder in den Stoff einstechen. Wieder ausstechen und die nächste Paillette ebenso aufnähen, dabei darauf achten, daß sie schuppenförmig auf der ersten Paillette liegt.
Pailletten mit Perlen aufnähen: Ausstechen, eine Paillette und eine Perle aufziehen. Beides auf den Stoff legen und in das mittlere Loch der Paillette einstechen. Die Perle liegt nun auf der Paillette.
Perlenketten aufnähen: Ausstechen, 3 Perlen aufnehmen, so einstechen, daß die Perlen aufliegen (dürfen sich nicht wölben), dicht neben der Einstichstelle wieder ausstechen und die nächsten 3 Perlen aufnehmen.
Aufnähen von Glasstiften: Wie Perlenketten, allerdings nur einen Glasstift aufnehmen.
Details zu den Kissen: Bei jedem Kissen das gewünschte Motiv vorzeichnen. Unser graues Kissen weist Paisley-Motive auf. Das blaue Kissen wird frei gestaltet, beim rosafarbenen Kissen wurde ein Blumenmotiv vorgezeichnet.
Graues Kissen: Das große Paisley-Motiv von außen nach innen arbeiten. Zunächst schwarze Pailletten schuppenförmig aufnähen. Danach dunkle Perlen mit schwarzem Garn, dann kleine, silberne Pailletten mit rosa Perlen aufnähen. In dieser Weise das Motiv laut Foto arbeiten und die Motiv-Spitze mit kleinen Pailletten und Perlen ausfüllen. Die innerste Kontur bilden die Glasstifte. Das kleine Paisley-Muster von innen nach außen arbeiten. Dafür die großen silbernen Pailletten mit rosafarbenen Perlen, schwarze Pailletten schuppenförmig und bunte Perlen aufnähen. Für die Außenkontur Perlen auf silbernen Pailletten anbringen.
Blaues Kissen: Die Sternpailletten mit grünen Perlen aufnähen.
Beide Kissen: Vorder- und Rückenteil rechts auf rechts

zusammennähen, dabei eine Öffnung zum Wenden lassen. Kissen wenden, ausstopfen und die Öffnung schließen.
Rosafarbenes Kissen: Kleine, weiße Pailletten mit Perlen als »Blumenstiele« aufnähen. Große und kleine Pailletten, ebenfalls mit Perlen, in Blütenform an den Stielenden anordnen. Die Schmetterlinge verteilt aufnähen. Um das fertige Vorderteil den Stoffstreifen rechts auf rechts nähen. An die andere Seite des Stoffstreifens den 2. Kreis nähen, dabei eine Öffnung zum Wenden lassen. Den Stoffstreifen an der Schmalkante schließen, Kissen wenden und beim Kissenvorderteil die Naht nochmals knappkantig so absteppen, daß sie leicht hochsteht. Kissen füllen und die Öffnung von Hand schließen.

Kleine Spiegel mit modellierten Motiven

Das braucht man: Spezialfolie und Ätzflüssigkeit für die Motive (Bastelgeschäft), Spiegel, Papierschneidefeder, Pinsel, Fimo-Modelliermasse in entsprechenden Farben oder klar, Speziallack für die Modelliermasse, Holzrahmen für die kleinen Spiegel und Farbe zum Bemalen, Bildaufhänger, für den Spiegel mit Goldrahmen zusätzlich Glasperlen und -tropfen, Glaskleber.
Und so wird's gemacht: Fimo-Modelliermasse darf nicht mit nitrohaltigen Farben oder Klebstoffen behandelt werden, da es dadurch nach dem Brennen wieder weich wird.
Die Spiegel gut reinigen, dann die Spezialfolie aufkleben. Das Motiv vorzeichnen und mit der Papierfeder die Konturen nachziehen. Folie des Motivs abziehen, die Ätzflüssigkeit mit dem Pinsel auftragen und 5 Minuten einwirken lassen. Mit klarem Wasser abspülen, dann die Folie abziehen.
Für den Spiegel mit Cowboy alle Teile der Figur einzeln

Die Türen in Ihrer Wohnung erscheinen Ihnen zu langweilig? Dann haben wir hier für Sie ein Patent-Rezept, wie Sie Türen originell gestalten können. Zum Beispiel mit Sterne aus glänzender Folie und einer Lichterkette . . .

. . . oder mit Löffeln und Brettchen, die bunt bemalt sind und eindeutig den Weg weisen: diese Tür führt in die Küche. Wenn Sie zum Befestigen Teppichklebeband nehmen, wird die Tür nicht beschädigt (wichtig in Mietwohnungen!)

Wie im Landhaus wirkt eine Tür, wenn Sie ein gekauftes Plakat mit weißen Sprossen bemalen und auf die Tür kleben. Achten Sie darauf, daß die Grundfarbe mit dem übrigen Zimmer und der Einrichtung harmoniert.

Originell und obendrein praktisch ist die Idee fürs Kinderzimmer. In dem selbstgenähten Utensilo in Form eines Hauses finden Spielsachen und andere Dinge Platz. Sogar im Schornstein . . .

modellieren. Dafür zuerst die Modelliermasse kneten, bis sie weich ist, dann die Teile in entsprechenden Farben formen und aneinandersetzen. Das Männchen direkt auf den gerahmten Spiegel (Rahmen evtl. zuerst lackieren) setzen. Die Figur kann nach dem Brennen mit Bastelfarben entsprechend bemalt werden.
Beim Spiegel mit Sonne werden kleine Tropfen aus Modelliermasse auf den gerahmten Spiegel gesetzt.
Der Goldrahmen des Jugendstil-Spiegels wird aus einer langen Wulst aus Modelliermasse geformt. Dafür die Wulst an die Spiegelkanten legen und nach hinten etwa 1 cm, nach vorne nur knapp über den Spiegel drücken. Modelliermasse platt drücken und Details (Tropfen und ähnliches) aus Modelliermasse aufsetzen. Den Bildaufhänger von hinten eindrücken und etwas Modelliermasse zur Verstärkung darüberlegen und verstreichen. Mit Goldbronze bemalen.
Alle Spiegel auf ein mit Alufolie ausgelegtes Backblech legen und bei 130 Grad etwa 20 Minuten im Backofen brennen. Nach dem Abkühlen die Teile aus Modelliermasse mit Speziallack überziehen. Auf den goldenen Spiegel zusätzlich kleine Glastropfen und -perlen kleben.

Vorhang für spitz zulaufende Fenster

Das braucht man: Hellen Vorhang- oder festen Baumwollstoff (auch Nessel) in Länge des Fensters, gemessen von der Spitze zum Boden, 2 weiße Gardinenstangen und weiße Gardinen-Ringe, Faltenband für einen Vorhang. Die Vorhangbreite richtet sich nach der Faltendichte: Sie benötigen die 2 bis 3fache Fensterbreite.
Und so wird's gemacht: Die Vorhänge oben schräg

zuschneiden. Die Schräge muß der des Fensters entsprechen. Den Vorhang an der Schräge 1mal umnähen und das Faltenband anbringen. Die weißen Ringe befestigen und auf die Gardinenstangen fädeln. Jeweils die letzten Ringe einer Stange in der Spitze auf der gegenüberliegenden Stange einhängen. Dadurch kann der Vorhang nicht mehr rutschen. Aus passendem Stoff 2 breite Bänder nähen und jeweils ein Ende an der Wand befestigen. Mit dem 2. Ende den Vorhang zurückziehen und das Band einhängen bzw. binden.

Paravant für die Diele

Das braucht man für eine Höhe von 185 cm und eine Breite von 110 cm: 19 mm starke, weiß beschichtete Spanplatten in folgenden Abmessungen: 1 Stück mit 50 x 185 cm und 2 Stück mit 30 x 185 cm, weißen Kantenumleimer, 4 Möbelrollen, 2 Leisten mit 185 cm Länge und einen Rest schwarze Lackfarbe, 2 Klavierbänder (ca. 185 cm lang), Kleiderhaken, Dübel und Schrauben, Holzschrauben.
Und so wird's gemacht: Auf alle Kanten den Umleimer bügeln. An den 30 cm breiten Brettern unten beidseitig Möbelrollen anschrauben. Die 50 cm breite Platte mit Dübeln an der Wand befestigen (Höhe der Möbelrollen berücksichtigen). Daran dann die erste 30 cm breite Platte mit Klavierband festschrauben. Anschließend die 3. Platte mit Klavierband an der 2. Platte befestigen. Dabei darauf achten, daß das Klavierband von der anderen Seite als das 1. Klavierband festgeschraubt wird. Die Leiste auf die Kante der 50 cm breiten Platte (über die Schrauben an der Wand) schrauben. An die andere Paravant-Kante ebenfalls eine Leiste schrauben. Die Leisten lackieren. Auf der Dielenseite die Kleiderhaken befestigen.

Und alles preiswert selbst zu machen

Ein Appartement voll guter Ideen

Flaches Regal für die HiFi-Anlage

Farbfoto auf Seite 75

Das braucht man für ein Regal mit 280 cm Länge, 39 cm Tiefe und 39 cm Höhe: 19 mm starke, weiß beschichtete Spanplatten in folgenden Abmessungen: 2 Platten mit 280 x 39 cm, 5 Zwischenplatten mit 39 x 39 cm, eine Hartfaserplatte für die Rückwand mit 280 x 41 cm, weißen Kantenumleimer zum Aufbügeln, Holzdübel, Holzschrauben, Dübelhilfen (gibt's als Set).

Und so wird's gemacht: Auf alle später sichtbaren Kanten Umleimer bügeln. Auf einer der beiden langen Platten die Stellen markieren, an die ein Zwischenboden soll. An den Markierungen (jeweils vorne und hinten) vorbohren, dabei halb so tief anbohren, wie die Holzdübel lang sind. Die Dübelhilfen mit der Spitze nach oben in diese Vorbohrungen stecken und die 2. Platte auflegen. Fest andrücken, dann wieder entfernen. Die Zwischenböden ebenfalls in dieser Weise markieren (an beiden Kanten). Sämtliche markierten Stellen der zweiten Platte sowie der Zwischenböden vorbohren. Die Holzdübel in die untere Platte stecken und die Zwischenböden auflegen. Teile zusammendrücken. Nun in die oberen Löcher der Zwischenböden die Holzdübel stecken und die zweite Platte auflegen. Alles gut zusammenpressen. Auf die Regalrückseite die Rückwand schrauben (nicht nageln).

Regal mit Glastüren

Das braucht man für ein Regal mit 224 cm Länge, 122 cm Höhe und 35 cm Tiefe: 19 mm starke, weiß beschichtete

Spanplatten in folgenden Abmessungen: 4 Seitenwände mit je 120 x 30 cm, 6 Einlegeböden mit 60 x 30 cm (für die Seitenteile), 2 Einlegeböden mit 60 x 29 cm (für den Glastüren-Bereich), 4 Einlegeböden mit 90 x 30 cm, 3 Platten für die Klappen mit 90 x 30 cm, eine Abdeckplatte mit 35 x 224 cm, eine Hartfaserplatte für die Rückwand mit 120 x 218 cm; weißen Kantenumleimer, für die Klappen 3 Klavierbänder mit ca. 90 cm Länge, 6 Klappenhalter, Magnete, weiße Abdeckknöpfe für Schrauben, 4 Türbeschläge für die Glastüren und 8 Metallknöpfe (alles zum Schrauben), Holzdübel und Dübelhilfen (gibt's als Set) für die Abdeckplatte, Holzschrauben (Heimwerkermarkt), 2 geschliffene Glastüren mit 60 cm Breite und gewünschter Höhe (vom Glaser zuschneiden und vorbohren lassen).
Und so wird's gemacht: Auf alle später sichtbaren Kanten den Umleimer aufbügeln. Zuerst werden die äußeren Seitenteile mit jeweils 120 x 60 cm gebaut. Dafür die 4 Seitenwände in gewünschter Höhe für die Einlegeböden durchbohren. Jeweils 2 Löcher (eines vorne und hinten in gleicher Höhe anbringen. Den ersten (untersten) Einlegeboden senkrecht auf den Fußboden stellen, die 1. Seitenwand waagerecht auflegen und mit 2 Schrauben fest verbinden. Die 3 übrigen Einlegeböden nacheinander ebenso anbringen. Dabei aber darauf achten, daß der 29 cm tiefe Boden in Höhe der Glastür ist (hier: 3. Boden von unten). Nun die angeschraubte Seitenwand auf den Fußboden legen und die 2. Seitenwand von oben an die Böden schrauben. Ein zweites Seitenteil ebenso arbeiten.
An die inneren Seitenwände die mittleren Einlegeböden mit 90 x 30 cm schrauben. Dabei werden die beiden Seitenteile miteinander verbunden. Es ist hierbei nicht möglich, die Einlegeböden in der Mitte auf gleicher Höhe wie bei den Seitenwänden anzubringen. Sie müssen etwas versetzt sein.

Auch hier die Löcher vorbohren.
An die Klappen die Klavierbänder schrauben, dann die Klavierbänder an den entsprechenden Einlegeböden festschrauben. Zusätzliche Klappenhalter an Seitenteile und Klappen montieren, da die Klavierbänder das Gewicht nicht halten können. Magnete an den Vorderkanten der entsprechenden Einlegeböden und an die obere Klappenkante schrauben. Die Rückwand anschrauben (nicht nageln). Für die Abdeckplatte die Seitenwände mit einem den Dübeln entsprechenden Bohrer (liegt dem Set bei) vorbohren, die Dübelhilfen mit der Spitze nach oben aufstecken und die Abdeckplatte auflegen. Platte andrücken, abnehmen und die markierten Stellen ebenfalls bohren. Holzdübel in die Seitenwände stecken und die Abdeckplatte auflegen und festdrücken.
Für die Glastüren die Beschläge an die Innenwände der Seitenwände und die Vorbohrungen im Glas montieren. Glastüren anschrauben und Metallknöpfe anbringen. Abdeckknöpfe auf die Schrauben setzen. Kleine Gumminoppen ankleben, damit die Glastüren nicht klappern.

Hochregal als Raumteiler

Das braucht man für ein Regal mit 120 cm Breite, 235 cm Höhe und 35 cm Tiefe: 19 mm starke, weiß beschichtete Spanplatten in folgenden Abmessungen: 2 Seitenbretter mit 235 x 35 cm, nach Bedarf Einlegeböden mit 120 x 35 cm, alles weitere wie beim »Regal für die HiFi-Anlage«. Zusätzlich 2 Dübel und Schrauben zur Befestigung des Regals an der Wand sowie weiße Abdeckungen für Schrauben.

Schön und modern: Ein halbhohes Regal mit Glastüren. Hier haben Sie nicht nur viel Stauraum, sondern auch ein schönes Möbelstück – dem man nicht ansieht, daß es selbst gebaut ist. Die Scheiben für die Türen sollten Sie sich allerdings vom Glaser vorbohren lassen. Anleitung auf Seite 76

Das Aufbauen des Schrankes ist ganz einfach. Beschichtete Spanplatten werden mit Umleimer versehen und die Klapptüren mit Klavierband angebracht. So ein Regal macht auch ohne Probleme einen Umzug mit, da alle Teile gut verschraubt werden

Und so wird's gemacht: Das Regal wird gebaut, wie beim »Regal für die HiFi-Anlage« beschrieben. Allerdings muß zur besseren Stabilität zusätzlich geschraubt werden. Hierfür zusätzlich zu den Vorbohrungen für die Holzdübel in gleicher Höhe jeweils 2 Löcher für Holzschrauben in die Seitenbretter bohren (durchbohren). In die Einlegeböden keine Löcher bohren! Das Regal von unten nach oben aufbauen: In alle Vorbohrungen für Holzdübel die Dübel einstecken. Nun den untersten Einlegeboden an das erste Seitenbrett legen und die Holzdübel halb einschlagen. In die Löcher für die Holzschrauben die Schrauben eindrehen, dabei aber noch nicht ganz festschrauben. Das gegenüberliegende Seitenbrett ebenso am Einlegeboden befestigen. In dieser Weise alle weiteren Einlegeböden befestigen. Erst zum Schluß alle Holzschrauben festziehen. Das fertige Regal zusätzlich mit 2 Dübeln und Schrauben an der Wand befestigen. Weiße Abdeckungen auf alle sichtbaren Schrauben setzen.

Begehbarer Kleiderschrank

Das braucht man: 19 mm starke Spanplatten in folgenden Abmessungen: 2 Spanplatten in Raumhöhe, ca. 40 cm breit, Regalbretter in beliebiger Größe (richtet sich nach dem Raum, Schrägen berücksichtigen), eine ca. 5 cm breite Leiste in Raumhöhe, eine Kleiderstange mit Aufhängvorrichtung, Winkelträger in Weiß, Rauhfasertapete und schwarze Dispersionsfarbe (die Bretter nicht direkt schwarz lackieren, da die Farbe abfärbt), Holzschrauben, Dübel und Schrauben, schwarze Vertikaljalousien.

Und so wird's gemacht: Alle Regalbretter mit Rauhfaser tapezieren und streichen. Die erste hohe Spanplatte im Raum so an der Wand montieren (mit Winkeln), daß die Kleiderstange zwischen Wand und Brett paßt. Daneben das zweite Brett mit etwas Abstand ebenfalls mit Winkeln montieren. Über diesen Abstand nun die Leiste auf die beiden Bretter schrauben. Dadurch erhält alles mehr Halt, die Kleiderstange kann die Bretter auch unter starker Belastung nicht mehr zum Kippen bringen. Evtl. diese Bretter nun schwarz streichen. Nun die Winkel für die Regalbretter an die Wand schrauben (mit Dübeln) und die Bretter auflegen. Zwischen Wand und den hohen Brettern die Kleiderstange montieren. Entlang der Decke nun die Jalousieleiste dübeln und die Jalousiebänder einhängen.

Häschen als Eierwärmer

Farbfoto auf Seite 87, Vorlagenzeichnung auf Seite 8

Das braucht man: Für ein Häschen einen 20 x 50 cm großen Webpelz- oder Plüschrest und einen 30 x 30 cm großen Baumwollstoffrest, 2 kleine Tieraugen (Bastelgeschäft), Füllwatte, rosafarbene Wollreste, Rohholz-Eierbecher und rosa Bastelfarbe (evtl. Weiß und Rot mischen), Klarlack.

Und so wird's gemacht: Die Vorlagenzeichnung mit Hilfe des Rasters vergrößern. Das Körperteil 2mal mit 1 cm Nahtzugabe, am Saum mit 3 cm Nahtzugabe aus Plüsch, das Ohr je 2mal aus Plüsch und Baumwolle mit 1 cm, die eingezeichneten Füße 2mal aus Baumwolle mit 3 cm Saumzugabe (sonst ohne Zugabe) zuschneiden. Füße laut Schnitt ein Körperteil legen und mit eng eingestelltem Zickzackstich aufapplizieren. Dabei darauf achten, daß die Plüschhaare nicht eingenäht werden. Je ein Ohrteil aus Plüsch und

Ein Raumteiler ganz besonderer Art: der Paravant trennt den Eingang vom Wohnraum. Das kann in Appartements oft ein Problem sein – hier es elegant gelöst. Und praktisch außerdem: die Rückseite hat Platz für Kleiderhaken, die Vorderseite für schöne Bilder. Durch unten befestigte Möbelrollen ist der Paravant gut zu verschieben. Anleitung Seite 80

Unter der Dachschräge findet ein begehbarer Kleiderschrank Platz. Die Regale werden von der Vertikal-Jalousie verborgen, die auch selbst montiert werden kann. Anleitung auf Seite 80

Spitz zulaufende Fenster in Neubauten sind nicht einfach zu dekorieren. Unser Tip: Der Vorhang wird mit großen Ringen aufgehängt, die letzten beiden Ringe werden über Kreuz gelegt. Löst man die Stoffbänder, fällt die Gardine zu. Anleitung auf Seite 81

Wählen Sie für die Möbel helle Farben! Sie »drücken« nicht so sehr und lassen kleine Appartement-Zimmer größer wirken. Nach diesem Grundsatz haben wir auch das Hochregal gebaut, das den Eßplatz abschirmt. Anleitung auf Seite 78

Baumwolle rechts auf rechts zusammennähen und wenden. Falte legen und festheften, Körperteile rechts auf rechts legen und die Ohren laut Schnitt dazwischenlegen. Körper zusammennähen, dabei die Ohren mitfassen. Alle Nahtzugaben zurückschneiden, die Ecken einschneiden und Nahtzugaben zusammen versäubern. Hasen wenden, Kopf und Arme fest ausstopfen und die untere Kante 3 cm nach links legen. Saum von Hand festnähen. Für den Schwanz aus Plüsch einen Kreis mit 7 cm Durchmesser ausschneiden, mit doppeltem Faden rundum kräuseln (in großem Steppstich abnähen) und zum »Bommel« zusammenziehen. Schwanz annähen. Augen aufnähen und die rosa Nase aussticken. Ein kleines Dreiecktuch aus Baumwollstoff ausschneiden und dem Häschen umbinden. Die Eierbecher rosa bemalen, trocknen lassen und mit Klarlack überziehen.

Bestickte Servietten mit Schmetterling

Farbfoto auf Seite 91

Das braucht man: Für jede Serviette einen Baumwoll- oder Leinenstoffrest, 42 x 42 cm, einen Aufbügelstift, zum Besticken Reste oder je einen Strang Stickwist in Schwarz, Gelb, Rot, Blau und Braun.

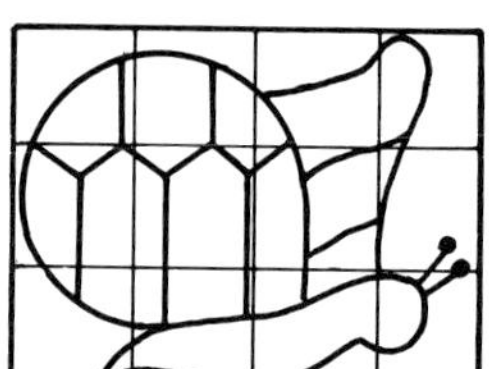

Und so wird's gemacht: Die Servietten 2mal 1 cm breit umbügeln und säumen. Die Vorlagenzeichnung in Originalgröße mit dem Bügelstift auf Seidenpapier durchpausen und in eine Ecke der Serviette bügeln (Vorsicht: wird seitenverkehrt). Zunächst alle Linien in Schwarz mit Stielstichen nachsticken. Danach Körper und Fühler in Braun in Nadelmalerei (ineinander übergehende Plattstiche) sticken. Die bunten Flügel in den verschiedenen Farben ebenfalls in Nadelmalerei nach Belieben aussticken.
1 Kästchen = 1 × 1 cm

Tischdekoration mit Schleifen und Blumen

Farbfoto auf Seite 86
Das braucht man: Eine große Keramikschale (ca. 40 cm Durchmesser),6–8 Hyazinthenpflanzen, Moos zum Abdekken, verschiedene Zierzweige, eine möglichst bodenlange Tischdecke, farblich passendes Satinband (2 cm breit), gekochte Eier, Eierfarbe.
Und so wird's gemacht: Die Schale mit den Hyazinthen so bepflanzen, daß die mittleren Pflanzen etwas höher stehen. Die Erdoberfläche mit Moosstückchen abdecken. Zum Schluß verschiedene Zweige zwischen die Pflanzen stecken. Auf den Tisch eine große Decke legen und die Tischplatte mit Satinband laut Foto dekorieren. Dabei werden die Bänder mit der Schale beschwert. Die Bänder sollten jeweils 10 cm und 15 cm im Wechsel über die Tischkante herunterhängen. An Bänderenden werden zusätzlich Schleifen festgesteckt oder angenäht. Zum Schluß um die Schale passend eingefärbte Eier legen und einige Eier zwischen die Moosstückchen und Zweige stecken.

Dekorations-Vorschläge
zu Ostern und Weihnachten

Schönes für die schönsten Tage

Gewiß, es sind nur zwei Anlässe im Jahr – aber an Ostern und Weihnachten soll es zu Hause ja besonders hübsch und stimmungsvoll aussehen. Deshalb geben wir Ihnen hier einige Tips, die Ihnen in den Tagen und Wochen zuvor bestimmt hilfreich sind.

Tischdecke mit aufgemalten Ostereiern

Das braucht man: Für ca. 1,80 m Durchmesser 3,60 m weißen, mittelstarken Baumwollstoff, 90 cm breit, einen schwarzen Wäschezeichenstift, Stoffmalfarben, Pinsel.
Und so wird's gemacht: Den Stoff in 2 Bahnen mit je 1,80 m Länge teilen und die beiden Bahnen an einer Längskante zusammennähen. Stoffbahnen aufeinanderlegen, bügeln, dann die Mitte (der Naht) markieren. Einen Bleistift an einem Faden festbinden, das andere Fadenende am markierten Punkt mit einer Reißzwecke befestigen und den Bleistift aufrollen, bis der Faden 90 cm lang ist. Einen Halbkreis ziehen und die Tischdecke zuschneiden. Decke über Nacht über einen Tisch hängen und am nächsten Tag den Kreisbogen notfalls korrigieren (hängt sich aus). Saum doppelt umschlagen und absteppen. Arbeitsfläche mit Zeitungspapier auslegen und die Tischdecke darauf ausbreiten. Mit Hilfe des Faden einen Kreis mit 70 cm Radius und einen mit 25 cm Radius von der Mitte aus einzeichnen.
Für die Schablonen auf Pappe ein Ei mit ca. 7 cm Höhe und 5 cm Breite, evtl. ein kleines (oder mehrere, falls Kinder mitmalen) mit 2 cm Höhe und 1,5 cm Breite zeichnen und ausschneiden. Das große Ei entlang des äußeren, markierten Kreises quer auflegen und mit dem schwarzen Stift die Kontur nachziehen. Rumdum mit ca. 1,3 cm Abstand Eier vorzeichnen. Auf den inneren Kreis die Eier hochkant mit ca. 1 cm Abstand ebenso aufzeichnen. Die kleinen Eier vorzeichnen. Sie können auch frei Hand gemalt werden. Die Decke von links bügeln, dann die Eier ausmalen. Dabei evtl. die Schablonen anlegen. Decke gut trocknen lassen (ca. 24 Stunden), dann von links bügeln. Die Farbe wird dadurch waschecht.

Tischkarten und Kuchenrand

Das braucht man: Nicht zu starken, weißen Zeichenkarton, Pauspapier, wasserfesten Filzstift in Schwarz, Buntstifte.
Und so wird's gemacht: Die Vorlagenzeichnung mit Hilfe des Rasters vergrößern und mit Pauspapier auf den Karton übertragen. Für den Kuchenrand benötigen Sie je nach Größe ca. 5 Autos. Das Motiv entlang der äußersten Kontur ausschneiden. Mit Hilfe des Pauspapiers die inneren Details auch auf die Rückseite zeichnen. Nun alle Linien mit wasserfestem Filzstift nachmalen. Nach dem Trocknen die Autos und Osterhasen auf beiden Seiten bunt bemalen. Für den Kuchenrand die Autos an den äußeren Enden zusammenkleben und anschließend die Kette zum Ring schließen. Für die Tischkarten je einen etwa 2 x 8 cm großen Streifen schneiden und auf eine Seite der Motive kleben. Diese Streifen knicken und evtl. noch etwas bemalen.
1 Kästchen = 1,5 × 1,5 cm

Hübsch dekorierte Fenster sorgen für Osterstimmung. Ein Strauß mit bemalten, ausgeblasenen Eiern, bunte Frühlingsblumen, Schokoladenhasen und einige ausgeschnittene (oder sogar selbstgemalte) Motive an der Fensterscheibe – mehr muß es nicht sein. Lassen Sie Ihrer Fantasie freien Lauf!

Eine originelle Oster-Idee: die mit bunten Eiern bemalte Tischdecke! Dazu brauchen Sie weißen Baumwollstoff und Stoffmalfarben. Die Farbe ist sogar waschecht. Die Osterdecke können Sie jedes Jahr wieder verwenden.
Anleitung auf Seite 88

Hier kommen die Osterhasen mit dem eigenen Wagen! Das Oldtimer-Motiv haben wir als Kuchenkranz und als Tischkarten verwendet. So können Sie die Vorlagenzeichnung gleich mehrfach abwandeln. Wir garantieren: Ein so hübsch gedeckter Tisch bringt Ihre Lieben in richtige Osterstimmung! Anleitungen auf Seite 89

Die Schmetterlinge wirken auch zu jeder anderen Jahreszeit. Wie die Servietten bestickt werden, steht auf Seite 85. Auch die gekauften transparenten Tischsets können Sie mit Schmetterlingen verzieren – mit Selbstklebefolie. Oder mögen Sie lieber Blüten? Das geht natürlich auch!

Tischdecke mit gelben Sternen-Überdecken

Das braucht man: Für einen Tisch mit ca. 1 m Durchmesser 4,85 m dunkelblauen Futterduchesse, (Unterdecke) und 8 m passende Satinborte, für die gelbe Decken 1 m goldgelben Duchesse und 5,70 m Satinborte, für die kleinen Sterne 30 cm weißen Duchesse und 1 Päckchen Vlieseline-Haftvlies (100 x 20 cm); Futterduchesse liegt 140 cm breit.
Und so wird's gemacht: Für die beiden kleinen Überdecken die Vorlagezeichnung mit Hilfe des Rasters in Originalgröße auf den gelben Duchesse übertragen, und beide Sterne mit ca. 0,7 cm Nahtzugabe zuschneiden. Alle Kanten der Decken 0,7 cm nach links umbügeln (nicht dehnen). Die Satinborte feststecken (Nadeln quer zur Nährichtung), dabei die inneren Ecken nahtbreit einschneiden. An den Ecken und Spitzen kleine Falten in die Borte legen und dann an beiden Kanten der Borte mit kleinen Stichen steppen.
Für die Unterdecke 2 Halbkreise mit einem Radius von 120 cm in Blau zuschneiden und an der Mittelnaht (240 cm) zusammennähen. Naht bügeln und die Decke eine Nacht über den runden Tisch legen, damit sie sich aushängt.

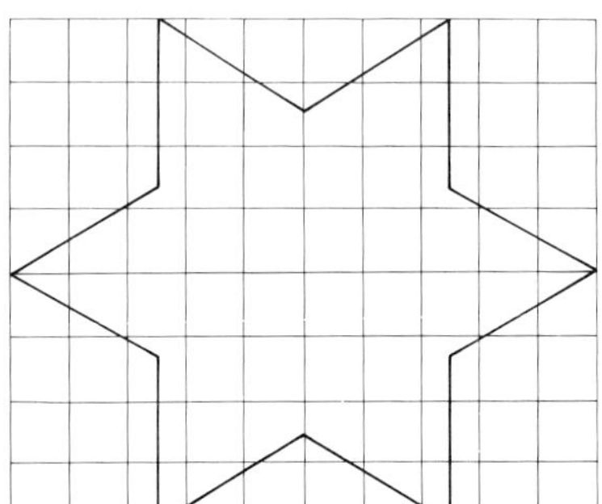

Danach die Saumkanten entsprechend zurückschneiden und 0,7 cm umbügeln. Satinborte (wie bei den Sternen) feststecken und annähen. Für die weißen Sterne das Haftvlies auf den Duchesse bügeln (Anweisung beachten) und dann mit einer großen Keksform (8 cm) oder einer Schablone Sterne auf die Papierseite zeichnen. Die Sterne ausschneiden, Haftvlies-Papier abziehen und die Sterne auf die große Unterdecke bügeln. Alle Kanten anschließend mit eng eingestelltem Zickzackstich umsteppen.
1 Kästchen = 5 × 5 cm (kleine Decke)
bzw. 10 × 10 cm (große Decke)

Sterne als Kerzen- und Serviettenhalter

Das braucht man: Weiße Modelliermasse, Goldbronze oder Ziergold, Stern-Ausstecher-Formen, Pinsel, Speziallack.
Und so wird's gemacht: Die Modelliermasse kneten, bis sie weich ist. Mit einer Nudelrolle eine ca. 1 cm dicke Platte auswellen und für die Kerzenständer große und mittlere, für die Serviettenringe kleine Sterne ausstechen. Für die Kerzenständer mit einer Kerze die Vertiefung eindrücken und dünne Röllchen um den äußeren Rand und um die Vertiefung legen. Leicht andrücken.
Für die Serviettenringe mit einem Messer eine kleine Vertiefung rundum eindrücken. Eine ca. 1,5 cm dicke und 18 cm lange Platte zum Oval zusammenlegen und darauf die noch weichen Sterne legen und leicht andrücken. Alle Teile auf ein mit Alufolie ausgelegtes Blech legen und bei 130 Grad etwa 15–20 Minuten härten. Nach dem Abkühlen mit Ziergold-Paste (mit etwas Wasser verdünnen) einstreichen.

Wirkt dieser festlich gedeckte Weihnachtstisch nicht sehr elegant? Das kommt durch die selbstgemachte Tischdecke aus blauem Futterduchesse, eingefaßt mit Satinborte. Ungewöhnlich, aber sehr dekorativ, ist die goldgelbe Überdecke in Form eines großen Sterns. Anleitungen auf Seite 92

Wenn Sie die Weihnachtstafel oben genau betrachten, entdecken Sie die Serviettenringe und die Kerzenhalter in Sternenform. Sie werden aus Modelliermasse geformt und mit Ziergold verschönt. Papierservietten mit kleinen Goldsternchen machen die Wirkung perfekt. Anleitungen auf Seite 93

Ein herrlicher Adventskranz – und so wird er gemacht: Einen Kranz aus Tannen- oder Kiefernzweigen abschnittweise mit Metallic-Lackspray in Kupfer und Silber besprühen (Fenster öffnen oder im Freien arbeiten!). Dann Metallstecker und sternenförmige Kerzen anbringen. In breite Streifen geschnittene Transparentfolie um den Kranz binden und klare und bunte Glaskugeln befestigen. Übrigens sollten Sie die Kerzen nie unbeaufsichtigt brennen lassen!

Nützliche Adressen

Das Material für unsere Bastel- und Handarbeitsthemen sowie Farben erhalten Sie in Fachgeschäften, Hobbymärkten und Fachabteilungen von Warenhäusern. Sollten bei der Beschaffung von ganz speziellem Material aber Schwierigkeiten auftauchen, hier eine Auswahl nützlicher Adressen.

Vielfältiges *Bastelzubehör* und *Bastelpackungen* bietet an:
Knorr, Postfach 1240, 8520 Lichtenfels

Modelliermassen gibt es von:
Eberhard Faber, 8430 Neumarkt/Oberpfalz (Fimo, Efa-Plast usw.)
T + F Kunststoffe, Rosenaustr. 9, 6072 Dreieich (Cernit)

Farben für alle Zwecke stellt her:
Caparol, Postfach 20, 6105 Ober-Ramstadt

Spezialist für *Stickgarne* ist:
Mez, Kartäuserstr. 45–53, 7800 Freiburg

Gießharz gibt es von:
Hobby-time, Hüttenstr. 40, 7995 Neukirch